国家自然科学基金面上项目"信息素养视角下的教师在线教学反馈评价关键技术研究"（项目编号：62177026）

中小学教师
信息素养评价

吴 砥 陈 敏 李亚婷 周 驰◎著

科学出版社

北 京

内 容 简 介

大数据、人工智能等技术快速渗透教育领域，教师信息素养已成为信息化时代高质量教师的必备素养。开展中小学教师信息素养评价有利于支持教师信息素养发展的全景式管理、精准诊断与科学决策，对于新时代高质量教师队伍的建设意义重大。

本书基于对中小学教师信息素养评价的科学研究与实践探索，详细介绍了教师信息素养内涵及其演进、教师信息素养评价相关国际标准与框架，提出了教师信息素养评价指标体系、方法与工具，最后通过实践案例阐述了教师信息素养评价结果在政策制定、学校发展和教师个人提升方面的作用。

本书对教师发展领域相关研究者、教师教育和师范生培养工作者、一线中小学教师以及有志于从事中小学教师职业的高校学生有重要参考价值。

图书在版编目（CIP）数据

中小学教师信息素养评价 / 吴砥等著. —北京：科学出版社，2021.12
ISBN 978-7-03-070826-7

Ⅰ. ①中⋯　Ⅱ. ①吴⋯　Ⅲ. ①中小学-教师-信息素养-师资培养-研究
Ⅳ. ①G635.1

中国版本图书馆 CIP 数据核字（2021）第 261650 号

责任编辑：朱丽娜 / 责任校对：杨　然
责任印制：李　彤 / 封面设计：润一文化

科 学 出 版 社 出版
北京东黄城根北街 16 号
邮政编码：100717
http:// www.sciencep.com

北京虎彩文化传播有限公司 印刷
科学出版社发行　各地新华书店经销

*

2021 年 12 月第 一 版　　开本：720×1000　1/16
2021 年 12 月第一次印刷　　印张：9
字数：150 000

定价：89.00 元
（如有印装质量问题，我社负责调换）

前　　言

　　大数据、人工智能等技术快速渗透教育领域，教师信息素养已成为信息化时代高质量教师的必备素养。2019年发布的《教育部关于实施全国中小学教师信息技术应用能力提升工程2.0的意见》提出"到2022年，要构建以校为本、基于课堂、应用驱动、注重创新、精准测评的教师信息素养发展新机制"的相关目标任务。在各种新兴技术与教育深度创新融合发展的新阶段，"互联网+教育"示范区、智慧教育示范区、人工智能助推教师队伍建设行动试点等工作的全面推进，为教师主动适应信息化、人工智能等新技术变革，积极有效开展教育教学提供了实践空间，同时对教师信息素养也提出了更高的要求。开展中小学教师信息素养评价研究，有利于支持教师信息素养发展的全景式管理、精准诊断与科学决策，对于新时代高质量教师队伍的建设意义重大。

　　近些年来，研究团队结合教育信息化2.0行动计划的发展需求，致力于开展中小学教师信息素养评价的科学研究与实践探索，在认真梳理国内外发展现状、总结团队研究经验的基础上，完成了本书的撰写。本书共包括6章。第1章基于信息素养的提出与发展情况，结合教师角色特征，明确了教师信息素养的内涵和演进路径，梳理了教师信息素养与信息技术应用能力的关系；第2章重点介绍了由联合国教科文组织、美国、欧盟颁布的六个教师信息素养评价相关标准与框架的主要内容和特点；第3章详细介绍了教师信息素养评价指标体系的构建流程，从意识、知识、应用、伦理和安全、专业发展五个维度介绍了教师信息素养的评价指标；第4章对常见的教师信息素养评价方法与工具进行了介绍，并提出基于过程性数据的信息素养评价方法；第5章介绍了基于线上测评的教师信息素养评价、融合网络学习空间过程性数据的教师信息素养评价两类实践案例；第6章结合实践案例介绍了教师信息素养评价结果在政策制定、学校发展和教师个人提升方面的作用。

　　本书由华中师范大学吴砥教授主持撰写，其设计了目录框架，并负责全书的修稿与统稿。华中师范大学陈敏、李亚婷、周驰参与了全书的撰写与修订，陈敏主要负责教师信息素养评价指标体系、评价方法与工具、线上测评实践案例和评价结果运用部分，李亚婷主要负责基于过程性数据的评价方法与实践部分，周驰主要负责教师信息素养内涵、国际相关标准与框架部分。此外，王翔宇、杨顺莹在本书撰写与审阅过程中提供了帮助，在此衷心地向他们表示感谢。

　　科学出版社教育与心理分社的付艳分社长、朱丽娜编辑及其团队成员为本书的顺利出版付出了艰辛的努力，在此深表谢意！受研究团队水平所限，书中难免有不周全之处，敬请各位专家和广大读者批评指正。

目　　录

第 1 章
绪　　论

1.1　信息素养的提出与发展

信息素养概念起源于图书情报领域的书目和文献管理需求。随着计算机等信息技术设备被广泛应用到信息管理、图书馆等领域，使用计算机检索与获取图书、文献等资料的能力成为当时的基本素养要求。考虑到这种新的素养要求远超出图书馆素养的内涵定义，1974 年，美国信息产业协会主席保罗·泽考斯基（Paul Zurkowski）首次提出了信息素养，并将其定义为"利用多种信息工具及主要信息资源使问题得到解决的技术和技能"[①]。"信息资源与工具的应用"、"致力于解决问题"和"应用于工作环境"是信息素养的三个关键要素。

自信息素养被提出以来，其概念在世界范围内得到广泛关注和传播。20 世纪 70—80 年代，国际相关机构和学者对信息素养的概念进行了更深入的探讨和研究，信息素养的内涵得到了快速发展与深化。信息素养定义的相关进展成果主要体现在国际研究机构的相关研究报告或文件、国家政策或个人著作中。其中，1989 年美国图书馆协会（American Library Association，ALA）对信息素养的定义被广泛认同和应用，之后对信息素养概念的讨论和界定基本上是对它的继承和延伸，即"要想成为具备信息素养的人，必须能够明确何时需要信息，并且具有查找、评价和有效利用信息的能力"[②]。总体来说，在信息素养概念快速发展的时

---

① Zurkowski，P. G. The Information Service Environment Relationships and Priorities. Related Paper No.5[R]. Washington，DC：National Commission on Libraries and Information Science，1974.

② American Library Association. Presidential Committee on Information Literacy：Final Report[EB/OL]. 1989[2021-2-7]. https://www.ala.org/acrl/publications/whitepapers/presidential/.

期，信息素养由简单地强调文献检索能力逐渐转向突出信息在解决问题和制定决策中的作用。其内涵由信息处理技能延伸到解决问题时所需的态度、知识、能力等多方面。信息素养的发展不但重视对用户检索技能的培养，而且强调对应用计算机进行信息获取、处理等技能的培训。

随着社会的进一步发展、信息环境的更新与变化，一些研究机构和学者从不同视角对信息素养内涵进行了诠释。如2008年联合国教科文组织（United Nations Educational，Scientific and Cultural Organization，UNESCO）发布的《面向信息素养的指标》，阐释了信息素养对终身学习、知识社会发展的作用，将信息素养视为基本人权之一[①]。《面向媒体与信息素养的指标》阐述了信息素养和媒体的关系，并强调对媒体信息阅读和批判的能力[②]。虽然不同机构或学者对信息素养诠释各有不同，但均彰显了信息素养的人文属性，并且批判、评价信息的能力被充分重视。当前信息素养已不仅是能力的集合，还是信息时代人的素质的组成要素，是终身学习的必然要求。信息素养内涵包括关于信息和信息技术的基本理论知识和基本应用技能，运用信息技术进行学习工作、交流合作和解决问题的能力，意识，伦理道德。信息素养的四个要素共同构成一个不可分割的整体，其中信息意识是先导，信息知识是基础，信息能力是核心，信息道德是保证。

可见，信息素养是随着时代发展逐步向多元化、有层次的综合性概

---

① United Nations Educational，Scientific and Cultural Organization. Towards Information Literacy Indicators[EB/OL]. 2008[2021-02-07]. https://unesco.org/new/en/communication-and-information/resources/publications-and-communication-materials/publications/full-list/towards-information-literacy-indicators/.

② United Nations Educational，Scientific and Cultural Organization. Towards Media and Information Literacy Indicators[R/OL]. Thailand：Bangkok，2010[2021-02-07]. https://www.unesco.org/new/fileadmin/MULTIMEDIA/HQ/CI/CI/pdf/unesco_mil_indicators_background_document_2011_final_en.pdf.

念演进的，其发展主要经过了萌芽、发展和成熟三个阶段，如图 1-1 所示，即"源于文献检索能力的需求"的萌芽期、强调"信息在解决问题和决策制定中的作用"的发展期，以及重视"批判、评价信息的能力"的成熟期。经过近二十年的研究和探讨，直至 20 世纪 80 年代末，信息素养的概念基本清晰，也逐步趋于一致，即个体恰当利用信息和信息技术来获取、整合、管理和评价信息，理解、建构和创造新知识，发现、分析和解决问题的意识、能力、思维及修养。

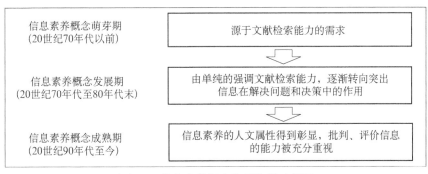

图 1-1 信息素养概念发展阶段示意图

1.2 教师信息素养内涵及其演进

1.2.1 教师信息素养内涵演进路径

教师信息素养来源于信息素养研究领域，它继承了信息素养的核心观点和理念，同时还充分结合了教师角色特有的理想信念、道德情操、教学研修、终身学习等要求。教师信息素养主要从信息素养内涵出发，结合教师的角色特征进行阐述，要求教师不仅具备基本的公民信息素养，还需要具备从事教育教学工作的相关信息素养[①]。随着社会发展、教育需求的变化，教师信息素养内涵也在不断演进。我国发布的相关政策文件描述了不同时期教师信息素养发展的关注重点，也反映了教师信息素养内涵的演进路径，如图1-2所示。

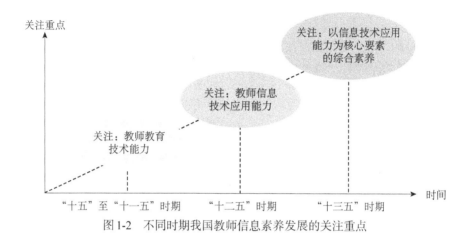

图1-2　不同时期我国教师信息素养发展的关注重点

"十五"至"十一五"时期，教师信息素养发展及评价强调以提高教师的教育技术能力水平和促进教师的专业能力发展为目标。如2004年教育部印发的《中小学教师教育技术能力标准（试行）》从意识与态度、知识与技能、应用与创新和社会与责任四个方面对中小学教学人员、管理人员和技术人员教育技术能力的培训和考核进行了说明。2005年教育部印发的《教育部关于启动实施全国中小学教师教育技术能力建设计划的通知》提出"到2007年底，各省（自治区、直辖市）通过采取多种途径和方式，使绝大多数中小学教师普遍接受不低于50学时的教育技术应用能力培训，并参加国家统一组织的教育技术能力水平考试认证"。

---

① 桑国元，董艳. 论"互联网+"时代教师信息素养内涵演进及其提升策略[J]. 电化教育研究，2016，37（11）：108-112.

"十二五"时期，教师信息素养发展及评价注重教师的信息技术应用能力，旨在全面提升中小学教师的信息技术应用能力，促进信息技术与教育教学深度融合。如 2014 年发布的《中小学教师信息技术应用能力标准（试行）》，根据我国中小学校信息技术实际条件的不同、师生信息技术应用情境的差异，对教师在教育教学和专业发展中应用信息技术提出了基本要求和发展性要求。

"十三五"时期，教师信息素养发展及评价重视提升以信息技术应用能力为核心要素的综合素养，包括意识、知识、应用、伦理和安全等多方面。如 2018 年，教育部印发《教育信息化 2.0 行动计划》，提出从提升师生信息技术应用能力向全面提升其信息素养转变，并将"信息素养全面提升行动"列为八大实施行动之一；2019 年发布的《教育部关于实施全国中小学教师信息技术应用能力提升工程 2.0 的意见》进一步要求构建教师信息素养发展新机制；2019 年，教育部教师工作司副司长黄伟明确提出，"以应用能力为核心，提升教师信息素养"[1]。

随着社会的发展，教师只有不断地发展与提升自身的信息素养，才能够培养出适应社会发展、具有创新能力的人才。当前教师信息素养可理解为：教师在教育教学过程中发挥信息技术功能，运用信息和信息技术发现、分析和解决问题的意识、思维、能力及修养，重点强调教师能恰当利用信息技术获取、整合、加工、管理和评价信息，增进知识的理解、建构和创造，提升信息技术与教育教学深度融合能力，促进专业发展[2]。

---

[1] 黄伟. 以应用能力为核心 提升教师信息素养[J]. 中国教育信息化，2019，（11）：11-12.

[2] 吴砥，周驰，陈敏."互联网+"时代教师信息素养评价研究[J]. 中国电化教育，2020，（1）：56-63+108.

1.2.2 智能时代教师信息素养构成要素

为探究教师信息素养的构成要素，学者从不同角度出发，结合教师信息素养内涵和教师职业的特质进行剖析。例如，有学者从教师专业发展角度出发，认为教师信息素养是指运用信息技术获取教育教学信息并对教学资源进行加工、应用和评价的能力，由意识、文化、技能和道德几方面的要素构成[①]；有学者从文化角度出发，认为教师信息素养是一种以获取和利用信息为特征的科学文化素养，主要包括基本信息素养、多媒体素养、网络素养以及课程整合素养等要素[②]；还有学者从传播学的角度出发，认为高校教师不仅要具备掌握解读和批判各种信息的技能，还需具备有效利用媒介教育功能的能力，包含信息分析辨别能力、媒介知识及使用技能、师德和教育责任、信息批判及创新能力等要素[③]。虽然当前学术界对教师信息素养的内涵还未有统一的界定，但大多数学者对其重要构成要素已达成基本共识，即对信息的感知和认识、信息及信息技术相关知识、有效获取和运用信息的能力以及遵守道德要求和准则。

智能时代下，教师不仅需要具备对信息的真伪、时效、价值辨别判断的意识，还要对教育信息化的发展抱有积极态度。面对智能技术如何应用、智能教学如何开展等问题，教师还需要掌握在教育过程中应用信息技术的知识，做到常态化、高效率、适切性地应用智能技术开展教育教学活动。随着互联网、人脸识别等技术手段在教育教学中的普及，信息泄密等问题逐步凸显，遵守信息伦理道德和网络安全准则已成为教师

---

① 范运祥，舒根，马卫平. 教师教育信息化与体育教师信息素养的提升[J]. 湖南师范大学教育科学学报，2013，12（1）：57-62.

② 蔡其勇. 基础教育课程改革与教师信息素养的培养[J]. 课程·教材·教法，2006，（7）：79-82.

③ 林聪. "互联网+"背景下的高校教师信息素养及构成[J]. 黑龙江高教研究，2016，（8）：54-56.

信息素养健康发展的保障。此外教师还需要以终身学习者的身份要求自己不断拓展和提高，通过持续学习和协同互助实现教师信息素养的长效发展。

　　因此，智能时代的教师信息素养包括意识、知识、应用、伦理和安全、专业发展五要素，如图1-3所示。意识指客观存在的信息和信息活动在教师头脑中的能动反映，表现为教师对信息识别的敏感性、对信息价值的判断力、对信息技术教学应用的接受度等方面。知识指教师在应用信息和信息技术过程中应该了解与掌握的知识，表现为教师对日常教育教学活动中所需的信息安全、信息权利、信息应用相关基础知识和常用技能知识的掌握。应用指教师在教学过程中应用信息和信息技术的能力，表现为能够有效利用适切的资源、工具和方法提升教学质量。伦理和安全指与信息活动相关的伦理道德规范以及在应用信息和信息技术过程中的信息安全，表现为教师在信息生产、传播、使用等过程中能够遵

图1-3　智能时代教师信息素养构成要素模型图

循相关伦理道德规范、注重信息安全等。专业发展指教师能够应用信息技术促进自身和他人专业能力的持续发展，表现为教师应用信息技术持续获取学科知识与教学法知识、有效开展协同教研、积极分享优质资源等方面。

1.3 教师信息素养与教师信息技术应用能力

教育信息化已成为我国国民经济和社会信息化的重要组成部分，是构建现代国民教育体系，形成学习型社会的必由之路[①]。在《教育信息化十年发展规划（2011—2020年）》《教育信息化2.0行动计划》等相关政策文件中，教师队伍建设工作被放在十分重要的位置；提升教师信息技术应用能力被认为是破解教育信息化发展瓶颈、推进课程改革和促进教师专业发展的重要举措之一[②]。尤其在《教育部关于实施全国中小学教师信息技术应用能力提升工程的意见》《中小学教师信息技术应用能力标准（试行）》《教育部关于实施全国中小学教师信息技术应用能力提升工程2.0的意见》等文件发布后，教师信息技术应用能力的培训与提升成为教师队伍建设的重中之重，受到了教师培训者的长期关注。随着我国教育信息化逐步从"起步应用"阶段向"融合创新"阶段转变，教师能力标准从单一的"教师信息技术应用能力"要求转变为综合的"教师信息素养"发展需求。然而部分教育管理者和教师对两者的联系和区别并不清

---

① 杨宗凯，吴砥. 信息技术推动教育创新发展[J]. 中国教育科学，2014，（2）：57-91+56+233.
② 祝智庭，闫寒冰.《中小学教师信息技术应用能力标准（试行）》解读[J]. 电化教育研究，2015，36（9）：5-10.

楚，容易将两者混为一谈。因此，有必要对教师信息素养和教师信息技术应用能力的联系和区别进行深入剖析，进而加深对教师信息素养的理解。

1.3.1 教师信息素养与教师信息技术应用能力的联系

教师信息素养和教师信息技术应用能力均是在教育信息化发展的背景下，为帮助教师适应教育改革与教师职能变化而提出的。教师信息技术应用能力主要是对教师将信息技术应用于教学工作和专业发展两个场景提出了要求，具体包括应用信息技术优化课堂教学的能力和应用信息技术转变学习方式的能力[①]。教师信息素养是指教师在教育教学过程中发挥信息技术功能，运用信息和信息技术发现、分析和解决问题的意识、思维、能力及修养，重点强调教师能恰当利用信息技术来获取、整合、加工、管理和评价信息，增进知识的理解、建构和创造，提升信息技术与教育教学深度融合的能力，促进专业发展。

从所属类别来说，两者都是建设新时代教师队伍的关键任务，均是教师专业发展的重要部分。教师信息技术应用能力自"十二五"时期就被提出，是对教师发展的长期要求；教师信息素养是"十三五"时期对教师信息技术应用能力的延伸，是在信息技术应用能力之上更高阶的发展要求。从发展目标来说，教师信息素养和教师信息技术应用能力提升归根结底都是为了帮助教师在新时代背景下开展创新型、高质量的教学活动，以及培养新时代所需的人才。总体而言，教师信息素养与教师信息技术应用能力之间为组成关系，即整体和部分之间的关系。具体而

---

① 教育部办公厅. 教育部办公厅关于印发《中小学教师信息技术应用能力标准（试行）》的通知 [EB/OL]. 2014[2021-02-08]. http://www.moe.gov.cn/srcsite/A10/s6991/201405/t20140528_170123.html.

言，教师信息技术应用能力是教师信息素养的核心组成部分，为教师信息素养发展提供支撑；教师信息素养的发展又会促进教师信息技术应用能力的提升。

1.3.2 教师信息素养与教师信息技术应用能力的区别

虽然教师信息素养和教师信息技术应用能力之间存在紧密联系，但是两者在提出背景、核心要素和关注重点方面均存在明显区别，如表1-1所示。

表 1-1　教师信息素养与教师信息技术应用能力的区别分析

项目	教师信息技术应用能力	教师信息素养
提出背景	教育信息化1.0阶段	教育信息化2.0阶段
核心要素	应用信息技术优化课堂教学的能力和应用信息技术转变学习方式的能力	意识、知识、应用、伦理和安全、专业发展
关注重点	应用信息技术于教育教学的能力	在教育教学过程中运用信息和信息技术发现、分析和解决问题的意识、思维、能力及修养

首先，两者提出的背景不同。教师信息技术应用能力于教育信息化1.0阶段被提出，该阶段强调的是信息技术在教育中的普遍应用，旨在让教师把信息技术熟练应用于教育；教育信息化进入2.0阶段后，历史任务从信息技术在教育教学的应用转向信息技术支持下的教育教学创新，需要教师尽快实现从信息技术应用能力发展向信息素养发展的方向转变①。

其次，两者的核心要素不同。依据教育部颁布的《中小学教师信息

---

① 杨宗凯，吴砥，郑旭东. 教育信息化2.0：新时代信息技术变革教育的关键历史跃迁[J]. 教育研究，2018，39（4）：16-22.

技术应用能力标准（试行）》，教师信息技术应用能力主要包括应用信息技术优化课堂教学的能力和应用信息技术转变学习方式的能力；教师信息素养的核心内容包括意识、知识、应用、伦理和安全、专业发展五个部分，即对信息的准确认识和信息技术应用于教学的积极态度、具备在教育教学过程中应用信息和信息技术所需的相关知识与能力、遵守与信息活动相关的伦理道德和安全准则，以及通过信息技术促进自身和他人专业能力的持续发展。

最后，两者的关注重点不同。教师信息技术应用能力主要指运用信息技术于教学和教研的能力，侧重于应用信息技术优化教育教学的技能；教师信息素养关注范围则更为宽泛，不仅强调在教育教学过程中发挥信息技术功能，恰当利用信息技术来获取、整合、加工、管理和评价信息，还强调意识、知识等综合素养。

以驾驶车辆为例对信息技术应用能力和信息素养的差异进行类比分析。通过驾驶员考试并会在道路上驾驶车辆是一种能力；会在道路上驾驶车辆并知道交通道路行驶规则，但是遇行人通过人行横道时未停车让行，则表明具备了驾驶车辆的能力但欠缺相应的素养[1]。可见，信息素养较高的教师一般都具备较强的信息技术应用能力，然而信息技术应用能力很强的教师，其信息素养不一定很高。

---

① 林崇德. 21 世纪学生发展核心素养研究（修订版）[M]. 北京：北京师范大学出版社，2021：23-24.

第 2 章
教师信息素养评价
相关国际标准与框架

信息时代新技术、新理念所引发的教育信息化革命为教育发展带来了前所未有的机遇与动力。教师的信息素养因信息技术与教育的深度融合而亟待提升，教师信息素养的发展受到了世界各国的关注。联合国教科文组织、美国、欧盟等先后颁布了一系列教师信息素养评价相关的标准和框架。这些标准和框架不仅符合各国发展实际，还各具特色。

2.1　联合国教科文组织颁布的标准与框架

2.1.1　《教师信息与通信技术能力标准》

以 UNESCO 为代表的国际组织紧贴经济与社会发展，从自身角度出发，对中小学教师信息素养标准进行了深入研究。2008 年，UNESCO 颁布了《教师信息和通信技术能力标准》[①]（以下简称《能力标准》），阐述了教师信息与通信技术（information and communication technology，ICT）能力标准项目的基本原理、结构和实施方法，解释了在更大的教育改革背景下教师专业发展如何开展，为教育决策及教师专业发展人士制订培训课程及课程设置提供了参考。

为了促进教师利用 ICT 相关的技能和资源，改进自身教学效能，推动教师间的协同努力、紧密合作，实现组织创新，《能力标准》提出三种发展途径：技术素养、知识深化和知识创造，每一种途径对教育改革和完善的影响各不相同。其中，技术素养旨在提高教师使用新技术的程度；知识深化旨在提高教师应用技术解决真实世界工作和生活环境中问题的能力；知识创造旨在培养教师不断参与知识创造和革新，能够在学

---

① United Nations Educational, Scientific and Cultural Organization. ICT Competency Standards for Teachers[M/OL]. United Kingdom：METIA，2008[2021-02-08]. https://files.eric.ed.gov/fulltext/ED499638.pdf.

习型社会中不断受益。同时，这三种途径也将对教学方式、教师实践和专业发展、课程和评估、信息与通信技术及学校组织与管理等方面的变革产生不同影响。

技术素养途径所承担的相应的课程变革包括通过技术来提高基本的读写技能以及在有关的课程中增加信息与传播技术的相关内容，如使用各种技术、工具和电子内容，并将其作为全班教学、团队学习和个人活动的组成部分。其具体的执行指南如表2-1所示。

表 2-1　技术素养途径执行指南

领域	教师应达到的目标	方法样例
政策与愿景	确定课堂活动的关键特征，并明确这些特征如何服务于政策实施	鼓励教师参与关于国家政策与普通课堂活动的讨论，识别支持政策实施的课堂活动特征。让参与者依据政策来辨别和分析他们的课堂活动
课程和评估	将具体的课程标准与特定的软件包、计算机应用等进行匹配，并描述这些软件和应用是如何支持标准的	针对具体的学科领域选取软件包；让参与者确定与这些软件包相关的课程标准，并讨论这些软件应如何支持各项标准
	在课程教学中帮助学生获得ICT技能	让参与者设计一个课程，其中包括有关ICT使用的教学，例如文字处理器、网络浏览器、电子邮件、博客、维基和其他新兴技术。让参与者向他人展示和教授ICT技能
	使用ICT来评估学生对学校学科知识的获取情况，并使用形成性和总结性评估向学生提供有关他们进步的反馈	让参与者将ICT和其他用于形成性和总结性评估的软件纳入他们的课程设计，然后分享课程设计，以获得专业学习社区中其他教育工作者的建议
教学方式	描述如何利用授导式教学与ICT支持学生掌握学科知识	描述如何利用ICT和特定类型的软件来支持学生获得学科相关知识，并展示可以通过何种方式使用这些技术补充授导式教学（即讲授与示范）
	在教学计划中恰当整合基于ICT的活动来支持学生获得学科知识	让参与者设计包含个别指导与操练软件、数字资源的教学计划，并分享计划、接受同伴的评议

续表

领域	教师应达到的目标	方法样例
教学方式	使用演示软件与数字资源支持教学	示范如何使用演示软件与其他数字媒体来辅助讲授；提供多种教学讲授的例子；让参与者设计一个使用演示软件的教学方案；让参与者使用演示软件来设计一份演示稿
ICT	描述并演示常见硬件的使用	讨论并演示各类不同硬件的基本操作，例如台式计算机、笔记本电脑、打印机、扫描仪和手持设备
	描述并演示文字处理软件的基本功能与使用，例如文字输入、文字编辑、排版以及打印	讨论并演示文字处理软件的基本功能，演示如何在教学中使用这些软件。让参与者创建一个文本文件，在其中练习文字处理软件的基本操作，生成一篇文本
	描述并展示演示软件及其他数字资源的用途和基本特征	讨论演示软件的用途并演示其一般特征与功能。让参与者自选某一主题，使用数字资源来创建一个演示材料
	描述图形处理软件的用途与基本功能，并使用图形软件创建一个简单的图片	讨论图形处理软件的功能并演示其创作过程。让参与者创建并分享一幅他们创作的图片
	说明什么是互联网并详细描述如何使用，描述浏览器的工作原理，并使用 URL 来访问网站	讨论互联网的用途与结构，了解参与者的使用经验。演示浏览器的使用，让参与者使用浏览器访问流行的站点
	搜索引擎的使用	演示搜索引擎的使用；讨论并演示简单关键词搜索过程；让参与者按他们感兴趣的主题进行搜索，并在小组内讨论他们的关键词使用策略
	创建一个电子邮箱账号，并持续让参与者完成一系列电子邮件通信	演示电子邮箱账户的创建过程与使用方法；让参与者创建电子邮箱账户并发送一系列电子邮件
	描述辅导与操练软件的功能与用途，以及如何帮助学生掌握学科知识	演示参与者所教学科的各种辅导与操练软件，并明白它们如何帮助学生掌握学科知识。让参与者分析所教学科的特定软件包，并描述它们如何帮助学生获得学科知识

领域	教师应达到的目标	方法样例
ICT	寻找现成的教育软件包与网络资源，根据课程标准评价它们的准确性与相关性，并将它们与特定学生的需求匹配起来	让参与者搜索网站和目录，以确定适于特定学习目标或标准的软件，并分析这些软件包的准确性与相关性。让参与者讨论他们用于分析和评价软件的标准有哪些
	使用网络记录软件进行签到、提交分数和保持学生记录	讨论网络记录保持系统的用途及优点，演示这类系统的使用，让参与者录入他们班级的记录数据
	使用常见的通信与协作技术，例如文本消息、视频会议，以及基于网络的协作与社交环境	讨论各种通信与协作技术的用途及优点；让参与者使用这些技术与组内其他成员进行通信与协作
组织和管理	在开展的教学活动中使用计算机教室	讨论并举例说明以计算机教室辅助课堂教学的不同方式；让参与者编写教案，其中应包含使用计算机实验室的各项活动
	管理常规教室中个人、小组学习时增加的ICT资源的使用，以便不干扰课堂的其他教学活动	讨论并举例常规教室中使用ICT资源补充自主学习、两两合作或小组学习的方法；让参与者编写使用ICT来补充课堂教学的教案
	确定能与各种ICT资源协调使用的社会规范	辨别不同硬件与软件技术，并讨论适合它们在各种教学中应用（如个别化学习、两两合作、小群组学习、大群组学习）的社会规范
教师专业发展	使用ICT资源来提高工作效率	讨论工作期间完成各种任务的时间比例；讨论ICT资源何以帮助完成任务并提高效率；让参与者使用台式计算机、笔记本、手持设备，以及字处理软件、博客、维基百科或其他效能与交流工具，完成一项指定的任务
	使用ICT资源来帮助自己获取学科知识和教学法知识	讨论参与者可用来增加自身学科知识与教学法知识的不同ICT资源；让参与者确立一个专业学习目标，并创建一份使用不同ICT工具来实现这一目标的计划，例如网络浏览器与各种通信技术等

领域	教师应达到的目标	方法样例
教师专业发展	识别互联网安全问题并进行管理	讨论互联网空间相关的问题，包括网上欺骗、恰当地张贴信息、交流论坛、个人隐私与隐私问题、计算机病毒、垃圾邮件、网站缓存、信息推送、智力产品著作权、版权、不合适内容、数字公民、电子邮件礼仪、种族问题、合法主张、个人机密数据、密码问题等。让参与者掌握合适的策略与方法来应对这些问题

知识深化途径强调以学生为中心开展教学，教师在教学中承担的角色是明确任务要求、引导学生理解、支持学生协同学习。教师要深入理解学科内容，帮助学生创造、实施活动计划，开展持续性评价，需要具备明确任务要求、管理信息、开展合作交流等能力。其具体的执行指南如表 2-2 所示。

表 2-2　知识深化途径执行指南

领域	教师应达到的目标	方法样例
政策与愿景	确定教学内容的关键概念和流程；描述模拟、可视化、数据收集工具和数据分析软件的功能和目的，以及它们如何支持学生理解和应用这些教学内容	演示各种软件资源（小程序、交互式应用程序等）并描述它们如何支持学生理解和应用关键概念并解决复杂问题。让参与者分析其学科领域的特定软件，并描述它们如何支持教学内容的理解和应用
课程和评估	确认该课程领域中的关键概念和过程，描述特定课程工具的功能和目的，并阐述如何运用这些工具支持学生理解关键概念和过程，以及在现实生活中的知识应用	展示各学科的软件包（科学课中的可视化工具，数学课中的数据分析软件包，社会科学中的模拟角色扮演工具，语言类课程中的参考文献资源等），参与在线专家的交流，访问在线博物馆，创建基于仿真模拟技术的网页，并描述以上技术对学生理解学科关键概念的支持，以及在解决复杂问题方面的应用。让参与者在特定学科领域分析具体的软件包，并描述这些软件包是如何以学习者为中心环境并支持概念理解和复杂问题解决的

续表

领域	教师应达到的目标	方法样例
课程和评估	开发和应用基于知识和行为的评估准则，来评价学生对于关键概念、能力和过程的了解程度	讨论不同学生的反应特点，以及学习结果的主要特征。开发包含这些特征的量表，并检测这些评估量表。将其应用于学生学习结果评估之中，如用于评价学生关于某一化学实验结果的报告
教学方式	描述如何利用合作学习、基于项目的学习和ICT来支持学生理解关键概念和过程以及应用于现实生活的问题解决	描述如何使用ICT和特定的软件工具来支持学生知识理解和知识应用，以及以何种方式使用技术来支持基于项目的学习。举例来说：①学生团队扮演成海洋生物学家或海洋学家，使用网络等各种工具，找出保护生态系统的方法；②学生团队在社会学习中，使用演示工具并应用政府概念，支持当地一个组织的工作。包括以在线讨论或实时交流的方式与专家进行合作
	确定或设计复杂的、真实的问题，嵌入关键概念和过程将其结构化，使其成为学生项目学习的基础	讨论包含关键概念的真实世界问题的特征；调查这些问题的例子；让参与者生成案例，比如提高庄稼产量或营销某产品的需求
	设计支持学生深入理解概念并在真实问题中应用概念的在线材料	分析在线材料，找出支持深度理解的关键特征。让参与者以小组的形式设计在线活动，从而支持概念的深入理解、培养学科相关技能
	设计单元计划与课堂活动，让学生合作理解、表征、解决真实世界复杂问题的时候能进行推理、讨论和使用学科关键概念，并且反思和交流解决方案	讨论吸引学生参与其中的基于项目的学习活动的特征；调查这些活动的例子；让参与者设计活动来支持学生，比如使用物理概念来加固房子以防地震；使用分数来对资源进行均分
	构建单元计划和课堂活动，学生在合作解决复杂问题时，开放式的工具和学科特定应用程序将帮助学生运用主要学科概念和过程进行推理、讨论和具体应用	讨论活动特征，使用开放式的数字工具和应用程序促进学生投入到基于项目的学习活动中；检查此类活动的样例、工具和应用软件；让参与者生成和展示各自学科领域的单元，例如，使用计算机模拟和社会性学习概念来理解一个聚居区扩展的影响因素和动态机制；或者使用一个图形包来展示一首诗歌表达的意境

续表

领域	教师应达到的目标	方法样例
教学方式	实施协作性的、基于项目的单元计划和课堂活动，向学生提供指导，促进学生项目作品的成功完成和关键概念深入理解的达成	讨论在协作的、基于项目的学习活动中，作为教师应该发挥的作用以及教师需要使用的策略。让参与者展示策略的使用和支持课堂活动实施的数字化资源
ICT	使用各种恰当的学科开放软件，如数据分析、模拟角色扮演、在线资料等	展示一个学科领域中各种软件包的使用；让参与者探索和展示这些软件包
	评价有利于学科领域内项目学习的各种网络资源的准确度和有用性	让参与者搜索网站和目录，以确定适合其学科领域内项目学习的软件。让参与者制订评价标准和定性评估表，并以达到预期目的效果为基础做出恰当选择
	利用数字化环境或工具设计在线材料	示范如何使用数字化环境或工具。让参与者在小组中分工合作，设计在线教学模块
	利用网络和适当软件来管理、监控和评估各种项目学习的进展	呈现软件的使用，帮助教师去管理、监控和评价学生项目工作，让参与者输入学生项目作品的数据
	利用ICT与学生、同行、家长和社会大众进行交流与协作，以促进学生学习	讨论教师应如何使用在线交流和协作环境以支持学生学习；让参与者坚持写日志、交流打印资料，并展示教师这方面在线交流的例子
	利用网络支持学生在课堂内外开展协作	讨论学生应如何使用在线交流和协作环境以辅助其合作性项目学习；让参与者坚持写日志、交流打印资料，并展示学生这方面在线交流的例子
	使用搜索引擎、在线数据库和电子邮件，发现适合协同合作的人和资源	讨论搜索引擎、在线数据库和邮件来找寻合作项目的相关人和资源的使用；让参与者根据他们的课程进行相关项目的搜索；让参与者参与在线合作项目；让参与者反思他们的经验，与他人分享并讨论
组织和管理	为了支持和增强学习活动和社会交互，在课堂内放置和组织计算机和其他数字资源	依据这些配置支持或阻碍学生交互和参与，检验和讨论不同的课堂计算机安排；让参与者设计课堂资源的安装和讨论设计的合理性
	管理学生在技术丰富型环境中开展项目学习活动	讨论技术环境下的学生基于项目活动的管理方式；着眼于各种配置的优缺点，让参与者讨论课堂管理的单元计划

续表

领域	教师应达到的目标	方法样例
教师专业发展	利用ICT获取和分享各种资源，以支持各项活动及其自身的专业发展	讨论各种可用于支持专业发展的在线资源；让参与者在线搜索有利于实现专业发展目标的材料；让他们交流和讨论搜索结果与实施计划
	利用ICT接触外部专家和专业共同体成员，以支持各项活动及其自身的专业发展	讨论有利于专业发展的各种在线专家和专业共同体资源；让参与者在线搜索有利于实现专业发展目标的各种专家和专业共同体资源；让他们与专家进行交流、参加各种专业共同体，并交流和讨论相关活动的结果
	利用ICT搜索、管理、分析、综合和评价可用于支持其专业发展的信息	讨论掌握知识管理技能对分析在线资源、将其付诸实践并评价其质量的重要意义；让参与者说明、讨论并展示这方面做法的实例

　　知识创造途径不再局限于关注学科知识，还重点关注了创造新知识和终身教育所需要的合作、传播、创造、革新和批判性思维等能力。教师既为学习者参与学习过程提供示范，同时又通过持续的个人和同伴专业发展，设计实现这些目标的课堂活动，参与制定相应的学校发展计划，持续开展各种教育实验和革新，发现学习和教学实践的新知识。其具体的执行指南如表2-3所示。

表 2-3 知识创造途径执行指南

领域	教师应达到的目标	方法样例
政策与愿景	设计、实施和调整学校一级的教育改革计划，以贯彻国家教育改革政策的主要思路	讨论国家教育改革政策的意图以及如何在学校一级的计划中加以贯彻实施。让参与者团队合作制定学校改革计划，并作为贯彻国家教育改革政策的组成部分。让参与者实施该计划的初期阶段，评价其进展效果、交流所遇到的挑战，讨论克服困难的措施

续表

领域	教师应达到的目标	方法样例
课程和评估	确定并讨论学生应如何学习和展示复杂的认知技能，如管理信息、解决问题、协同努力和拥有批判性思维	讨论复杂认知思维过程的特征以及学生应如何获得和展示这方面能力。让参与者确定这些技能在自身工作中的用途。让参与者把其中一种或多种技能的获取和展示明确纳入学习计划。让参与者反思学习计划的实施情况并提出改进建议
	帮助学生使用信息与传播技术，以掌握搜索、管理、分析、综合和评价信息的技能	讨论有效的信息搜索和管理技能的特征以及基于技术的学习活动对培养和展示这些技能有哪些帮助；让参与者提出此类活动的范例
	设计教学模块和课堂活动，纳入大量的信息与传播技术工具和设备，以帮助学生掌握推理、规划、反思性学习、知识建构和沟通等技能	讨论推理、规划和知识建构技能的特征以及基于技术的学习活动对这些技能有哪些帮助；让参与者提出此类活动的范例并进行交流。让参与者对各教学模块不断提出批评建议，以便获得额外资源
	帮助学生学会使用信息与传播技术，以培养沟通和协作技能	讨论沟通和协作技能的特征以及基于技术的学习活动对这些技能有哪些帮助；让参与者提出此类活动的范例。让参与者通过参与在线专业学习共同体，锻炼有效的沟通与协作的能力
	帮助学生开发基于知识和行为的评估准则，并应用准则来评价他们自己对关键课程内容的理解和信息技术与通信技能。帮助学生使用这些准则去评价其他学生的工作	讨论自我评估和同行评估的特征，以及对自身和他人学习情况进行反思性评估时所采用的既注重知识又注重学业表现的定性评估表的特征；参与者提出此类活动和评估量表的范例并进行评价。让参与者制订既注重知识又注重学业表现的定性评估表，通过整合新兴技术，提高对扩展学习主要学科知识、信息与传播技术技能以及概念的期望值
教学方式	向学生明确地示范自身的推理、问题解决和知识创造	让参与者在讨论自身认知技能的基础上，具体形象地展示如何使用这些技能来解决学科领域的各种问题。让参与者共同分享、彼此借鉴在解决问题和创造新知中所采取的策略和过程

领域	教师应达到的目标	方法样例
教学方式	设计鼓励学生参与合作性问题解决、研究或艺术创作的在线材料和活动	讨论有助于学生设计和规划自身学习活动的在线材料的特征；让参与者分组协作编制与评价各种在线材料。让参与者在专业学习共同体中组织合作性在线解决问题、研究或艺术创作活动
	帮助学生设计各种计划和活动，使他们能够从事合作性问题解决、研究和艺术创新	讨论致力于学生设计和规划自己学习活动的教师活动的特征；要求参与者形成并展示与这些活动相关的例子
	帮助学生以有利于其现行知识生产和与其他人沟通的方式，把多媒体制作、网站制作和著述技术纳入其项目学习中	讨论支持学生在自身学习活动中使用各种技术的教师活动的特征；让参与者提出此类活动的范例；让参与者展示多媒体制作、网站制作和发布技术，以支持学生通过在线专业学习社区发布作品
	帮助学生反思自己的学习状况	讨论有助于学生进行反思性学习的教师活动的特征；让参与者在专业学习共同体中提出此类活动的范例、交流想法并对他人的作品提出批评建议
ICT	描述信息与通信技术的制作工具和资源（多媒体录音和制作设备、编辑工具、出版软件、网站设计工具）的功能和用途，并用它们来支持学生的创新和知识创造	展示各种软件包和数字制作资源并说明它们如何支持和促进学生的创新和知识创造活动。让参与者分析在学科领域中使用这些资源的范例，并说明它们如何支持学生的创新和知识创造。让参与者在他们设计的单元中使用并评估这些工具
组织和管理	展示虚拟环境和知识建构环境的功能和用途，以更好地理解学科内容，促进在线和面对面学习共同体的发展	展示各种虚拟环境和知识建构环境并说明它们对学生的学习共同体有哪些帮助。让参与者分析在学科领域使用这些资源的具体范例并说明它们对学生的学习共同体有哪些帮助。让参与者在模块教学设计中使用这些工具并展示其效能
	描述规划和思维工具的功能和用途，用以支持学生创新和规划自己的学习活动，开展持续的反思性思维和学习	展示各种规划和思维工具并说明它们对学生创新和规划自己的学习活动有哪些帮助。让参与者分析在学科领域使用这些资源的具体范例，说明它们对培养学生进行自我学习调节有哪些帮助。让参与者在模块教学设计中使用这些工具并进行评价

续表

领域	教师应达到的目标	方法样例
教师专业发展	发挥带头作用，展示随着信息与传播技术逐步融入课程和课堂活动，他们的学校会变成什么样子	讨论把信息与传播技术融入课程和课堂以改进教育工作的学校的各种愿景；让参与者制订和交流行动计划，在这些计划中，他们要发挥带头作用，与同事和管理人员合作，为学校树立这种愿景。让参与者执行该计划的初期阶段，评价进展并交流遇到的挑战和克服挑战的战略
	在参与学校举办的创新活动和推动同事专业发展方面发挥带头作用	讨论促进专业人士参与和维持学校创新所需的社会支持的类型；让参与者设计和分享行动计划，在计划中和管理人员、同事一起营造创新支持环境。让参与者提供在学校实施创新工具和资源的策略
	持续评估和反思促进创新和改进的专业实践	讨论有利于正在进行的创新和改进的专业做法；让参与者根据自身经验，举例展示这类做法
	使用信息与通信技术资源参与专业社区；分享和讨论最佳的教学实践	讨论如何通过专业学习社区，利用信息与传播技术支持正在进行的创新和改进；让参与者根据自身经验，举例说明这类基于信息与传播技术的做法

　　《能力标准》主要关注的对象是中小学教师，但其发展途径同样适用于初等教育、中等教育、职业教育以及继续教育等各级教育。除了教师之外，这些途径还会对学习者、校长、信息与传播技术协调员、课程领导者、行政管理人员等教育利益方产生影响。《能力标准》的总体目标是不仅要改进教师的专业实践，同时还要开辟优质高效的教育途径。具体目标主要包括建立一套基本准则，开展教师培训计划；提出一套基本要求，发挥教师自身的职业素养；促进教师专业发展，提高教师在教学方法、促进学校革新发展等方面的技能；协调在教师教育中使用信息与传播技术的不同观点和术语。总的来说，《能力标准》为培养和发展全体教

师的信息和传播技术能力提供了准则、确立了指导方针，为各国教师信息素养的培养制定了一个可依照执行的准则。

2.1.2 《教师信息与通信技术能力框架》

2011年，UNESCO在《能力标准》基础上，颁布了《教师信息与通信技术能力框架》[1]（以下简称《能力框架》)，它是《能力标准》的修订版，内容更为充实，详细描述了教师运用ICT进行有效教学所应具备的能力。

在发展途径方面，《能力框架》吸收了《能力标准》所提到的 3 种发展途径："技术素养"、"知识深化"和"知识创造"。在教师工作方面，《能力框架》增加了"理解教育中的ICT"领域，提出了一个包含 6 种技能的能力框架，通过将 3 种发展途径与教师工作的 6 个方面对应起来，建立了一个由18个教师能力模块组成的框架，如表2-4所示。

表2-4 《教师信息与通信技术能力框架》

项目	技术素养	知识深化	知识创造
理解教育中的ICT	政策意识	政策理解	政策创新
课程与评估	基础知识	知识应用	知识社会技能
教学法	整合技术	复杂问题解决	自我管理
ICT	基本工具	复杂工具	普适工具
组织与管理	标准课堂	协作小组	学习型组织
教师专业学习	数字素养	管理与指导	教师作为模型学习者

---

① United Nations Educational，Scientific and Cultural Organization. UNESCO ICT Competency Framework for Teachers[M/OL]. Paris：UNESCO，2011[2021-02-08]. https://unesdoc.unesco.org/images/0021/002134/213475e.pdf.

从表2-4可以发现，各模块的教师能力与相应的教学方式有直接的对应关系。例如，技术素养途径下，教师能力主要包含政策意识、基础知识、整合技术、基本工具、标准课堂、数字素养 6 个方面。具体而言，政策意识是指能够意识到相关政策，并能清晰说明教室中的活动如何与政策保持一致；基础知识是指扎实地掌握关于本学科的课程标准、标准评价策略等方面的知识，并能将技术整合到课程中；整合技术是指知道要在何时（以及不在何时）、何地、对谁，以及如何在课堂活动与授课中使用 ICT；基本工具是指掌握基础的软硬件操作，以及办公软件、浏览器、通信软件、演示软件和管理应用软件；标准课堂是指在教学活动中使用技术，并确保每个学生都可平等获取资源；数字素养是指具备必需的网络资源的技术性知识与能力，以便使用技术获得更多的学科内容与教学法知识，来促进其专业发展。

此外，《能力框架》还对各种教学方式下的实践样例进行了详细介绍，下面的例子展示了技术素养途径在实践中可能的样子，如表 2-5 所示。

表2-5　教师日常工作中的技术素养

领域	实践样例
理解教育中的ICT	一位教授母语的教师理解在教学中使用ICT的基本原则，因此他/她会考虑如何最好地使用他的/她的教室里最近刚安装的交互电子白板。直到现在，她还只是把电子白板当投影屏幕来用
课程和评估	教师认识到可以将交互电子白板上的单词处理功能作为一种新的方法来学习本课的一项基本技能——如何改善句子的措辞。单词处理功能允许修改或者移动单词而不用无休止地在纸张上重写整个句子。单词处理功能还可以用于形成性评价。教师提供一个用词糟糕的长句，学生可在各自的电脑上看到这个句子。然后，教师询问大家在五分钟内能生成多少种改进后的句子

续表

领域	实践样例
教学法	教师使用单词处理应用程序在交互白板上展示一些较差拼写的例子。教师演示如何稍稍替换一些单词或改变单词的顺序，使句子更加简单和清晰。然后，通过向全班提问，指出学生们的句子中的问题并提供建议，教师让学生们进一步修改一些例句。按照学生的建议，教师在交互白板上呈现修改的过程，整个班级的学生都能看到这个改进过程。最后，教师坐在教室的一边，要求学生走到交互白板前面自行操作，展示他们修改句子的过程
ICT	最初，教师使用交互白板的单词处理功能与全班学生讨论。在接下来的课程中，每个学生使用一个笔记本电脑。由于笔记本电脑与教师机是联网的，教师很容易就能在交互白板上展示改进句子的有趣案例。学生能够在五分钟测试中修改句子，然后整个班级展开讨论并对不同的措辞进行评价
组织与管理	在第二次课程中，教师使用学校的笔记本电脑控制台，使得每个学生都能使用他们自己的单词处理程序。教师将课程分成两部分，学生就能明确在第二次课中应该做什么，而不用提问或者讨论，确保学生能够充分利用笔记本电脑。使用学校的计算机网络，教师在一个中心文件中记录学生的成绩，其他教师和学校管理部门也能获取该文件
教师专业学习	教师在网站上搜索母语教学中关于写作技巧的授课资源，包括练习和写作作业、激励材料和关于课程的想法等

　　知识深化途径下，教师能力包含政策理解、知识应用、复杂问题解决、复杂工具、协作小组、管理与指导六个方面。具体而言，政策理解是指深入理解国家政策和迫切的社会需求，能够设计、修改和实施支持这些政策的课堂实践；知识应用是指深入理解所授学科的知识，并能在各种情境下灵活运用；复杂问题解决是指教学以学习者为中心，以富有技巧的方式、有目的地开展教学，同时要设计问题任务、引导学生学习、支持学生的合作活动，帮助学生创造、实施和监测项目计划和解决方案的能力，注重学习中的评价；复杂工具是指熟悉各种学科工具和应用程序，能够在各种基于问题或项目的情境中灵活使用这些工具与程序，能够使用网络资源来帮助学生合作、获得信息、与外部专家交流，

能够使用信息与通信技术创建和监控学生个人与小组的项目计划；协作小组是指能够创建灵活的课堂学习环境，整合以学生为中心的活动，并且灵活地应用技术来支持合作；管理与指导是指有能力和知识创建和管理复杂的项目，与其他教师合作，使用网络去获取信息、与其他同事或外部专家联系来支持他们的专业学习。

　　下面的例子展示了知识深化途径在实践中可能的样子，如表 2-6 所示。

表 2-6　教师日常工作中的知识深化

领域	实践样例
理解教育中的 ICT	一位体育老师很沮丧，因为他的许多学生对体育锻炼不感兴趣，也不了解体育锻炼对于健康生活方式的重要性。他认为他可以利用 ICT 改变他们的态度，帮助他们变得更好，所以他给学校管理委员会写了一份详细的分析报告，具体解释了为什么 ICT 能改善体育课并且能帮助学生学习
课程和评估	体育教师利用 ICT 来阐释那些以前他无法生动形象展示的健康问题。现在他能在课程中加入有关人体生理学的信息。这些主题以前过于抽象和理论化，难以解释，但现在他能够向他们展示计算机模拟的生理过程（视频和动画），使其易于理解。通过这些方法，学生们对体育有了更深层次的了解。他还能够更有效地进行形成性评估，因为他现在可以用数码摄像机记录学生在健身房的表现。他向学生们展示这些录像，帮助他们理解如何以不同的方式移动四肢。以前不能理解自己做错了什么的学生现在可以立即看到他们需要做什么
教育学	以前，他只能和学生谈论健康的好处，学生并不觉得这很有趣，但现在他可以向他们展示电影、体育赛事以及音乐和舞蹈视频中的戏剧性片段，这些视频以体育明星为主角，让人觉得很有吸引力。然后，他将学生组织成协作小组，让他们设计自己的健康评估，比如观察他们运动后心率恢复正常的速度有多快。他们分析评估结果，每个学生都会为小组中的其他人提出一个关于健身计划的建议。他们建立了一个协作电子表格来跟踪下个月的进展情况。他们完成健身计划后，在社交网站上互相评论和支持
ICT	教师获得： ——一台笔记本电脑和一台数据投影仪，以便班上每个人都能看到电脑显示屏 ——来自互联网的视频剪辑 ——体育与人体生理学模拟与动画

续表

领域	实践样例
ICT	——简单的数据采集设备，例如直接将数据记录到计算机的心率传感器 ——学生每周用电子表格软件记录他们的健康评估数据 ——一台数码摄像机，用来记录学生的运动和健身器材的使用情况 学生还在学校和家里使用其他电脑来访问共享的电子表格和社交网站。一些学生用手机在网站上发布他们的日常健身计划和成就
组织和管理	体育老师在体育馆里只有自己的笔记本电脑和一个数字投影仪，用来播放录像材料，但是通过让学生在体育馆里帮助录像，通过回放摄像机屏幕和电脑屏幕上的视频片段，他能够安排体育活动，使所有学生在每节课中至少能看到一段自己在健身房的视频片段，或者记录他们每周的健康评估结果。老师用自己的笔记本电脑监控学生在协作电子表格上的输入，并在社交网站上发布鼓励性评论和有关健身计划的其他信息
教师专业学习	教师定期访问体育教师专业协会主办的网络论坛。该论坛是个非常有用的资源，能帮助教师形成新想法去提升学生对体育和锻炼的兴趣。例如，他发布了一个问题，就学生们想要尝试的一项新的健身计划的某一方面征求技术建议

在知识创造途径下，教师能力包含政策创新、知识社会技能、自我管理、普适工具、学习型组织、教师作为模型学习者六个方面。具体而言，政策创新是指理解国家政策的目的，能够对教育改革政策的讨论有所贡献，并参与设计、执行和修改实施这些政策的计划；知识社会技能是指了解复杂的人类发展，例如认知、情感和生理发展，知道在怎样的情境下学习者可以更好地学习，必须预测并有能力解决学生遇到的各种问题，必须具备支持复杂过程的能力；自我管理是指明确地模拟学习过程，构建情境让学生运用认知技能；普适工具是指能够设计基于信息和通信技术的知识社区，并运用信息和通信技术来培养学生的知识创造技能及支持其持续的反思型学习；学习型组织是指发挥领导作用，培训同事并为之提供后续支持；教师作为模型学习者是指具备能力、动机、意愿，鼓励和支持通过实验、持续学习和运用信息通信技术来创造一个基

于知识创新的专业学习社区。

下面的例子展示了知识创造途径在实践中可能的样子，如表 2-7 所示。

表2-7　教师日常工作中的知识创造

领域	实践样例
理解教育中的ICT	一位地理教师与历史教师、数学教师合作，组织学生参加一项基于ICT的项目并在其中扮演领导者的角色。该项目关注的是最近当地社区中涌入的大量来自邻国的移民（邻国正经历一场政治动乱和经济紊乱）。该项目涉及调查移民的原因，了解移民们的日常生活情况及其面临的问题
课程和评估	该项目涉及三个学科的内容：地理（理解社会团体的生成与改变）、历史（本国的近代史以及与邻国的近代关系史）和数学（用图表分析和呈现复杂的统计信息）。学生还可能会进一步考虑其他方面的内容，如最近的移民潮对当地社会团体的影响。 在仔细考虑项目的目标后，学生通过与教师合作，设计整个项目中用来评估自身和他人工作的评价量表。学生至少用三种方式创造知识： ——他们创造新的关于当地移民案例的历史、地理知识（如事实、数据、访谈、生平故事，及其他对当地历史博物馆有价值的发现和结论等） ——他们发现移民很难获得一些传统的食物。这一新的市场需求的商业知识可以提供给当地店主 ——学生发现当地人对移民的偏见大多源于神秘感和误解。例如，一个移民是学校清洁工，人们认为他的教育基础一定很薄弱，而实际上他是一个有教养的工程师。这样，学生对当地知识的了解和人们的相互理解会不断增强，社会团体间潜在的冲突就会减少
教学法	教师扮演监督者和教练的角色，确保学生拥有他们所必需的技能和知识，向学生介绍可能会用到的方法，确保学生专注于他们的学习任务并在达成一致的最后期限内完成任务
组织与管理	教师在学校的学习管理系统中（学校的计算机网络）创建学习环境，允许学生协作地存储、共享和开发作品，并包括共享文件、维基和讨论社区等
教师专业学习	地理教师定期向其他教师展示该项目如何使用ICT工具促进学生在学习的过程中产生知识。教师还向同行解释项目开展和改进过程中的经验，以及他在其中承担的角色。通过这种方式，教师成为学生和同行学习的榜样

《能力框架》在继承《能力标准》的基础上进一步进行了修订和发

展。在面向对象方面,《能力框架》聚焦中小学教师,同时其发展途径也适用于各层次的教育:小学、中学、职业教育和第三方机构教育等。相比《能力标准》为各国教师信息素养的培养提供了一个可依照执行的准则,《能力框架》指明了教师运用ICT进行有效教学所应具备的能力,可以被修改或本地化,以便适应各国的教育政策、教育状况等,更具灵活性。《能力框架》总体目标主要涉及推进信息化应用和促进教师发展两方面,重点强调了教师学习与发展的主体地位,同时通过案例的方式对三大发展途径进行解释,大大提高了框架的可参考度和可操作性。

2.2 美国颁布的标准与框架

2.2.1 《ISTE 教师标准》

美国国际教育技术协会(International Society for Technology in Education,ISTE)作为一个以"促进教育技术在教学与学习中的有效运用"为宗旨的专业组织,致力于教师专业发展、知识传递、鼓励与引导教育创新等方面的研究和标准制定。美国当代教育改革第六次浪潮中,创新成为教育与教育信息化发展新的目标与方向,培养学生的学习能力与创新能力也成为教师所应具备的技术标准之一。2008年,ISTE颁布了《ISTE 教师标准》[1],主要以推进信息化应用、促进教师发展和改善学生学习为目标。

---

① International Society for Technology in Education. ISTE Standards Teachers[EB/OL]. [2021-02-09]. https:// www.iste.org/docs/pdfs/20-14_ISTE_Standards-T_PDF.pdf.

《ISTE教师标准》将教师教育技术能力划分为5个维度，如表2-8所示。每个维度都对教师能力提出了具体的指标要求，强调教师如何促进、激励学生学习，激发学生的创造性，更为关注学生学习与创新能力的培养。

表2-8　《ISTE教师标准》

能力维度	具体描述
促进、激励学生的学习和创造性	教师在面对面或虚拟环境中，利用他们的学科、教学、学习以及技术知识，来促进学生学习、创造和创新经验的获取
设计、开发数字时代的学习和评估	教师设计、开发和评估真实的学习经验和评价，结合当代工具和资源，最大限度地扩展内容学习环境并发展学生标准中确定的知识、技能和态度
成为数字时代工作和学习的典范	教师所展示的知识、技能和工作流程体现着在全球化和数字化社会中具有的创新性
提升数字时代的公民意识与责任感，形成典范	在不断发展的数字文化中，教师要理解本地和全球的社会问题和责任，并在其专业实践中遵守法律和道德行为规范
注重专业成长与领导力	教师通过推广和展示数字工具和资源的有效使用方式，不断改进他们的专业实践、树立终身学习的榜样，并在学校和专业社区发挥领导作用

针对不同的能力维度，《ISTE教师标准》对教师提出相应的要求。

在促进、激励学生的学习和创造性方面，该标准要求教师应该促进、支持和示范创造性和创新思维以及发明能力；让学生利用数字工具和资源探索真实世界的问题并解决真实问题；利用协作工具揭示学生理解、思考、计划和创造的过程，从而促进学生反思；通过在面对面和虚拟环境中与学生、同事和其他人共同学习，建立协作知识构建的模范。

在设计、开发数字时代的学习和评价方面，该标准要求教师应该结合数字工具和资源设计或调整相关的学习体验，以促进学生的学习和创造；开发技术丰富的学习环境，使所有学生能够追求他们个人的好奇心，并成为设定个人教育目标、管理个人学习以及评价个人进步的积极参与者；利用数字工具和资源，定制个性化学习活动，以满足学生多样化的学习风格、工作策略和能力。根据内容和技术标准，为学生提供多种多样的形成性和总结性评价，并将评价结果用于指导学习和教学。

在成为数字时代工作和学习的典范方面，该标准要求教师应该熟练掌握技术系统，并能应用现有知识应对新技术和新情况；利用数字工具和资源与学生、同龄人、家长和社区成员合作，支持学生成功和创新；利用各种数字时代的媒体和形式，有效地向学生、家长和同龄人传递相关信息和想法，示范并促进有效使用当前和新兴的数字工具来定位、分析、评价和使用信息资源，以支持研究和学习。

在提升数字时代的公民意识与责任感，并形成典范方面，该标准要求教师应该提倡、规范并教授如何安全、合法和合乎道德地使用数字信息和技术，包括尊重版权、知识产权和使用恰当来源的文件。通过践行以学习者为中心的策略，提供公平获取适当数字工具和资源的途径，满足所有学习者的多样化需求。促进和规范与技术和信息使用相关的数字礼仪以及负责任的社会互动。通过使用数字时代的沟通和协作工具，与不同文化背景的同事和学生接触，发展和塑造文化理解和全球意识。

在致力于职业发展和领导能力方面，该标准要求教师应该参与当地和全球的学习社区，探索技术的创造性应用方式，以改善学生的学习；通过展示技术应用的愿景、参与共享决策制定和社区建设，以及发展他人的领导能力和技术技能来展现个人领导力；有效利用现有和新兴的数字工具和资源定期评价和反思当前的研究和专业实践，以支持学生的学习；为教师职业、学校和社区的有效性、活力和自我更新做出贡献。

《ISTE 教师标准》重点强调了数字化时代的教师如何促进学生有效

学习和高效生活能力的提升，如何帮助学生成为高效的数字化学习者与数字化公民，从而使学生能够面对数字化世界的各种挑战。《ISTE 教师标准》总体目标不仅在于促进教师自身发展，同时还要促进学生发展，其核心思想是教师对于学生发展的促进作用和榜样力量以及教师职业的专业性和领导力。

2.2.2　《ISTE 教育者标准》

2017 年，ISTE 颁布《ISTE 教育者标准》，它是 ISTE 一系列"国家教育技术能力标准"中针对教育者的标准。《ISTE 教育者标准》突出了教育者在信息时代所应扮演的七种角色，力求在明确角色职责，确定角色发展目标的基础上，提出更为合理的教师技术能力标准[1]。

《ISTE 教育者标准》旨在帮助学生成为有能力的学习者，这些标准将深化教育者的实践，促进教育者与同伴的合作，让教育者反思传统教学方法，促进学生的自主学习。《ISTE 教育者标准》更加强调对教育者角色的反思与重塑，以教育者在教育信息化中的不同角色为维度，以不同角色所应具备的各项能力为指标，提出了教育者的七种角色，并具体描述了教育者应该担当的任务，如表 2-9 所示。

表 2-9　《ISTE 教育者标准》

角色	角色描述
学习者	教育者应探索利用技术提高学生学习能力的有效实践，并通过相互学习和合作改进自身教学

---

[1] International Society for Technology in Education. ISTE Standards：Educators[EB/OL].［2021-02-09］. https://www.iste.org/standards/iste-standards-for-teachers.

角色	角色描述
领导者	教育者应寻求和把握成为领导的机会，对学生能力的获取和学业成功提供有力支持，并促进教与学
公民	教育者应鼓励学生积极、负责地投身于信息社会
合作者	教育者致力于和同事与学生进行合作，发现问题，分享资源，交流想法，以改进实践并解决问题
设计者	教育者应识别与适应学习者的变化，设计出由学习者驱动的，贴近真实生活的活动与环境
促进者	教育者应使用技术手段支持学生的学习，以达到ISTE学习者标准
分析者	教育者应理解并使用数据驱动教学，支持学生实现学习目标

从"学习者"的角度来看，教育者应能够：设定专业学习目标，探索与使用信息技术支持的教学法，并对其有效性进行反思；通过建立与积极参与地区乃至全球的学习网络，追求自身的专业发展兴趣；对研究学生提升学习效果的相关成果保持关注，与学习科学领域的最新研究发现保持同步。

从"领导者"的角度来看，教育者应能够：通过与教育利益相关者的接触，推进并加速形成共享技术以促进学习的愿景；为满足学生的多样化、个性化需求，倡导学生拥有公平地获取教育技术、数字资源的机会；在甄别、研究、管理和运用新的数字资源与工具方面，为同事树立榜样。

从"公民"的角度来看，教育者应能够：帮助学习者形成积极的、负责的、善于交际的经验，并在网上表现出同理心，以建立网上的人际关系与社区；建设一种学习文化，提升学生的求知欲，培养其对于网络资源的批判分析能力，促进学生数字与媒体素养的提升；指导学生如何利用信息工具安全、合理、合法地保护个人知识产权与财产；示范与推广对个人资料和数字身份的管理，保护学生数据资料的隐私。

从"合作者"的角度来看，教育者应能够：计划与同事进行一定时间的合作，使用信息技术创造较为真实的学习体验；与学生进行合作学习，发现和使用新的数字工具与资源，诊断和解决所遇到的技术问题；与本地和全球的专家、团队、学生进行虚拟交流，利用相关的辅助工具，帮助学生拓展学习体验；在与学生、家长和同行交流的过程中具备文化胜任力，并作为合作伙伴在学生的学习中与之进行交流。

从"设计者"的角度来看，教育者应能够：为适应学习者的差异和不同需求，通过技术创造个性化的学习体验，以促进学习者的自主学习；为实现最大限度的深度学习，利用数字工具与资源，设计与内容标准一致的学习活动；为参与和支持学习者的学习，研究并应用教学设计原则，创造崭新的数字学习环境。

从"促进者"的角度来看，教育者应能够：营造一种文化，让学生无论是在独立学习还是在小组学习的情境中，都能掌控自己的学习目标，取得成果；在数字平台、虚拟环境以及实践空间等领域，对技术使用和学生的学习策略进行管理；为学生创造利用设计程序和计算机思维创新与解决问题的机会，并培养学生的挑战意识；为沟通思想与交流知识，加强人与人之间的联系，着力塑造和培养学生的创造力以及富于创造性的表达方式。

从"分析者"的角度来看，教育者应能够：为学生提供不同的学习方式，以展现学生的能力，并反思其在学习中对技术的使用；运用技术设计与实施各种形成性评价与终结性评价，以适应学习者的需求，并为学生提供及时的反馈与指导；利用评价数据对教学过程进行指导，为实现学生的自我引导，积极地与学生、家长和其他利益相关者进行沟通。

《ISTE 教育者标准》从教育者在信息时代的角色定位入手，帮助教育者重新思考教育，创新学习环境，在数字时代的学习中重新构建学校与课堂。相比于《ISTE 教师标准》聚焦使用技术促进学习，《ISTE 教育者标准》的目标在于促进教师应用技术创新教学，通过将教师在信息时代的教育教学中所扮演的学习者、领导者、公民、合作者、设计者、促进者、分析者等角色作为评价维度，以该角色所应具备的各项具体能力标准作为具体指标，不是单纯地站在某一角色立场上，静态地看待教师在教育信息化过程中的职责与作用，而是多角度地分析信息时代发展对教师提出的各种新要求，并将其有机地融入。

2.2.3 《教师教育信息素养标准》

美国大学与研究图书馆协会（Association of College & Research Libraries，ACRL）是美国图书馆协会（ALA）的下设机构。2011 年，ACRL 出台了《教师教育信息素养标准》[①]，对学前教育至十二年级（PK-12）教师应具备的信息素养进行了详细阐述。

《教师教育信息素养标准》将 PK-12 教师职前阶段所应具备的信息素养分为六大标准，14 个具体指标，每个指标对应的具体内容如表 2-10 所示。该标准旨在向职前教师传达在学术工作和教学中发展和应用信息素养知识和技能的期望，同时引导他们将信息素养纳入未来的课程、教学和评价活动中。

---

① American Library Association. Information Literacy Standards for Teacher Education [R/OL]. Chicago: The Association of College & Research Libraries，2011 [2021-02-16]. https://www.ala.org/acrl/sites/ala.org.acrl/files/content/standards/ilstandards_te.pdf.

表2-10　教师教育信息素养标准

标准	指标
一、定义与描述所需信息，并选择搜索信息的策略与工具	对所需信息进行定义
	清晰描述所需信息
	选择策略以实现信息需求
	选择寻找信息的工具
二、基于学生恰当的特定信息需求以及发展的需求定位与选择信息	定位信息
	选择信息
三、根据环境组织与分析特定的信息需求，并进行发展，以适应特定对象	组织信息
	分析信息
四、以合理的方式综合、处理、呈现所需信息	处理信息
	综合信息
	呈现信息
五、评价碎片化信息与整体信息的搜寻过程	评价信息
	评价信息搜寻途径
六、指导应如何合乎伦理道德地使用与传播信息	合乎伦理道德地使用与传播信息

　　针对不同标准下的具体指标，《教师教育信息素养标准》进一步提出了具体明确的要求。

　　标准一是指定义与描述所需信息，并选择搜索信息的策略与工具，包含对所需信息进行定义、清晰描述所需信息、选择策略以实现信息需求、选择寻找信息的工具四个指标。其中，对所需信息进行定义主要包括识别需要信息的目的，确定影响信息需求的因素等。阐明对信息的需要主要包括制定关键问题，以发展和澄清信息需求；将信息需求分解成组件概念和术语等。选择策略以实现信息需求主要包括认识到不同的学科以不同的方式产生、组织、传播、描述和保存知识；考虑其他学科（如心理学、社会科学、英语、法律）文献的相关性，以满足信息需求等。选择查找信息的工具主要包括了解所需类型和格式的信息位于何处以及如何访问这些信息；确定信息源的可用性、可访问性等。

标准二是指基于学生恰当的特定信息需求以及发展的需求定位与选择信息。包含定位信息和选择信息两个指标。其中，定位信息主要包括选择能够访问所需类型和格式的信息的工具；利用选定的工具来访问信息。选择信息主要包括评价所找到的信息的数量、质量和相关性；确定能够满足目标受众信息需求的信息源特点。

标准三是指根据环境组织与分析特定的信息需求，并进行发展，以适应特定对象，包含组织信息和分析信息两个指标。其中，组织信息主要包括使用多种方式来维护、组织和管理所定位的资源，为给定的信息需求提供跟踪材料、应用案例、短语、文件或可复制的视觉或统计数据。分析信息主要包括分析信息的结构、逻辑和表达以及任何支持的论据或方法；选择标准以确定首选信息是否与其他信息相矛盾或一致，并调查所遇到的不同观点等。

标准四是指以合理的方式综合、处理、呈现所需信息，包含处理信息、综合信息以及呈现信息三个指标。其中，处理信息主要包括决定是否合并或拒绝所找到的信息的观点；识别信息、概念、课程、数据或实践之间的相互关系、一致性和不一致性，并将它们与支持证据相结合等。综合信息主要包括利用分析工具，如电子表格等来调查信息、材料、实践、想法、文档或其他数据之间的交互作用；将新的信息与以前的信息或知识进行整合，形成新的观点和理论或提高专业实践。呈现信息主要包括基于收集到的信息阐明结论；将新的信息和以前的信息应用于计划、创建和执行特定且合适的任务、产品、表现或实践等。

标准五是指评价碎片化信息与整体信息的搜寻过程，包含评价信息和评价信息搜寻途径两个指标。其中，评价单个信息片段主要包括检查、比较并批判性地分析不同来源的信息，以评价和确定信息的可靠性、有效性、准确性、权威性、及时性；识别并将信息源之间的差异作为评判依据等。评价信息寻找过程主要包括确定找到的信息是否充分满足了信息需求，并确定与目标之间的差距；确定是否应该使用替代策略、工具或调查方法来填补缺失信息等。

标准六是指指导应如何合乎伦理道德地使用与传播信息，包含合乎道德地使用和传播信息指标。该指标主要包括理解与信息和信息技术相关的伦理、法律和社会经济问题；展示对知识产权、版权和合理使用受版权保护的材料的理解等。

《教师教育信息素养标准》面向教育者、图书馆员和教职员工，以及PK-12 职前教师。其基本目标在于指导教师教育者和图书馆员为 PK-12 职前教师开展信息素养教育，并通过基准测试来评价教学效果。与其他信息素养标准不同，《教师教育信息素养标准》对教师信息素养的要求集中于对信息的获取与利用方面，而较少关注信息技术与教育教学的整合。同时，该标准还强调教师对于教学资源与学习环境的创新性构建，督促教师在使用信息技术时，对教学过程与教学效果进行评估与评价，并在评估与评价的基础上，提出了新的教学策略以及方法。

2.3 欧盟颁布的标准与框架

2017 年，欧盟委员会联合研究中心（European Commission's Joint Research Centre，JRC）提出了《欧洲教育工作者数字化能力框架》[①]（European Digital Competence Framework for Educators，DigCompEdu 框架）。该框架旨在提高教育工作者的数字化能力，使各级各类教育工作者能够全面评价和发展其数字化能力，促进教育领域的创新，激发他们的数字化能力不断更新、迭代。

DigCompEdu 框架融合了理论研究和实践调研，以实用性、科学性和专业化为目标导向，分别从 6 个数字化能力域（即专业参与域、数字化资源域、教与学域、评估域、赋权学习者域和促进学习者数字化能力域）进行分析，描述了每个数字化能力域的内涵，并在此基础上形成了 22 种具体数字化能力，如图 2-1 所示。DigCompEdu 框架不仅对每一项数字化能力都进行了详细的描述，并在此基础上提出了教育工作者数字化能力发展模型和自我评估的能力陈述量表，综合成为一个连贯的框架，使各级教育工作者能够全面评价和发展他们的教育数字化能力。

专业参与域是指教育工作者为了自身专业发展或组织利益，通过使用数字化技术与同事、学生、家长和其他教育利益相关者开展专业化互动，主要包括组织沟通、专业协作、反思性实践和数字化持续性专业发展（Continuous Professional Development，CPD）四个方面的能力。其中，

[①] European Commission's Joint Research Centre. European Framework for the Digital Competence of Educators：DigCompEdu[EB/OL]．[2021-02-16]. https://ec.europa.eu/jrc/en/digcompedu/framework.

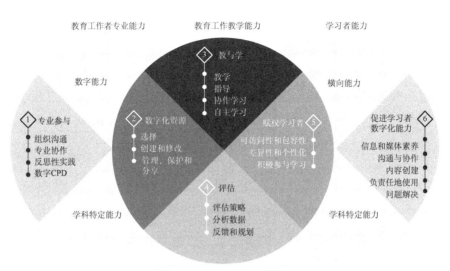

图 2-1　DigCompEdu 框架

组织沟通是指利用数字化技术加强与学生、家长和第三方的组织沟通，为共同发展和改进组织沟通策略做出贡献；专业协作是指利用数字化技术与其他教育工作者合作，分享和交流知识和经验，并合作创新教学实践；反思性实践是指以个人或集体的方式反思、批判性地评价和积极发展自己和教育界的数字化教学实践；数字化持续性专业发展是指利用数字化资源进行持续专业发展。

数字化资源域是指教育工作者为了满足学生的学习需求，以有效、负责的方式使用、创造和共享资源的能力，包括选择、创建和修改，以及管理、保护和分享三个方面的能力。其中，选择是指在选择数字化资源及规划数字化资源的使用时，考虑特定的学习目标、背景、教学方法及学习者群体；创建和修改是指在允许的情况下，修改和构建现有的开放许可资源和其他资源，构建或共同创建新的数字化资源；管理、保护和分享是指组织数字化资源内容，使其可供学习者、家长和其他教育者使用，有效保护敏感的数字化资源，尊重并正确运用隐私及版权规则。

　　教与学域是指教育工作者在管理和协调教与学活动中如何有效使用技术的能力，包括教学、引导、协作学习和自主学习四个方面的能力。其中，教学是指在教学过程中规划并使用数字化设备及资源，以提高教学干预的成效，适当地管理和协调数字化教学策略，试验和发展新的教学模式和教学方法；引导是指使用数字化技术和服务来增强与学习者的互动，使用数字化技术提供及时和有针对性的指导和帮助，试验并开发新的形式和格式以提供指导和支持；协作学习是指利用数字化技术促进和加强学习者的协作，使学习者能够使用数字化技术加强沟通、协作和知识创造；自主学习是指利用数字化技术支持学习者自主学习，即让学习者能够对自己的学习做出计划，进行监控和反思，实现自我发展，分享见解，并提出创造性解决方案。

　　评估域是指教育工作者使用数字化策略进行评价的能力，包括评估策略、分析数据，以及反馈和规划三个方面的能力。其中，评估策略是指运用数字化技术进行形成性和总结性评价，提高评价模式和方法的多样性和适用性；分析数据是指生成、选择，批判性地分析和解释关于学习者活动、表现和进步的数字化数据，以便为教与学提供信息；反馈和规划是指利用数字化技术为学习者提供有针对性且及时的反馈，根据使用数字化技术所产生的数据，调整教学策略，并提供有针对性的支持，使学习者和家长了解数字化技术提供的数据资料，并依据其做出决策。

　　赋权学习者域是指教育工作者如何在实施以学习者为中心的学习策略方面，充分发挥数字化技术的优势与潜力，包括可访问性和包容性、差异性和个性化，以及积极参与学习三个方面的能力。其中，可访问性和包容性是指确保所有学生，包括有特殊需要的学生，都能接触到学习资源和活动，考虑并回应学习者的期望、能力、使用和误解，以及他们使用数字化技术时的背景、生理或认知障碍；差异性和个性化是指利用数字化技术满足学习者多样化的学习需求，让学习者遵循个人的学习路径和目标并在不同的水平和速度上进步；积极参与学习是指利用数字化技术培养学习者对某一主题的积极和创造性参与，在教学策略中使用数字化技术，以培养学生的横向技能，深入思考和创造性表达，将学习开放到新的、真实的环境中，使学习者自己参与到实践活动、科学调查以及复杂的问题解决中，或以其他方式增加学习者对复杂主题的积极参与。

促进学习者数字化能力域则关注促进学生数字化能力发展所需的具体教学胜任力，包括信息和媒体素养、沟通与协作、内容创造、负责任地使用、问题解决五个方面的能力。其中，信息和媒体素养是指结合学习活动、作业和评价，要求学习者清晰地表达信息需求，在数字化环境中寻找信息和资源，组织、处理、分析和解释信息，比较和批判性地评价信息及其来源的可信性和可靠性；沟通与协作是指整合学习活动、任务与评价，要求学习者有效且负责任地使用数字化技术进行沟通、协作与公民参与；内容创造是指将需要学习者通过数字化方式表达自我的学习活动、任务和评价纳入其中，并以不同形式修改和创建数字化内容，教授学习者如何将版权和许可应用于数字化内容，如何引用来源和标注版权许可；负责任地使用是指在使用数字化技术的同时，采取措施确保学习者的身心健康；问题解决是指学习者要能够识别和解决技术问题，或创造性地将技术知识应用到新情境中。

同时，为描述教育工作者各种数字化能力的发展阶段与能力水平，DigCompEdu 框架提出了教育工作者数字化能力发展模型，如图 2-2 所示。该模型受布鲁姆教育目标分类法的启发，将教育工作者数字化能力的发展水平划分为 A、B、C 三类，进而细分为六种角色（能力）水平，即新手（A1）、探索者（A2）、整合者（B1）、专家（B2）、领导者（C1）、先驱者（C2）。当教育工作者处于新手（A1）和探索者（A2）水平时，教育工作者将吸收新信息，发展基本的数字化实践；当教育工作者处于整合者（B1）和专家（B2）水平时，教育工作者将应用、扩展、构建和反思自己的数字化实践；当教育工作者处于领导者（C1）和先驱者（C2）水平时，教育工作者将传授知识，批判现有的数字化实践，并开发新的数字化实践。

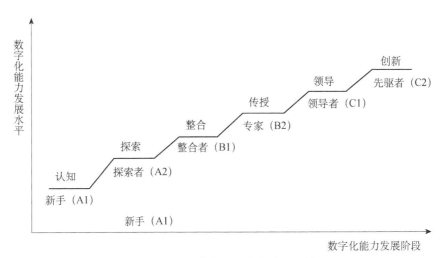

图2-2　教育工作者数字化能力发展模型

不同数字化能力其发展水平具有累积性特点，并且有些关键词对同一水平的人来说是共同的。因此，为了帮助教师评价和发展自身的数字化能力，了解个人优势与不足，DigCompEdu框架在教师数字化能力发展模型的基础上提供了一套测量数字化能力水平的教育工作者数字化能力发展水平量表，以帮助教育工作者评价和发展他们的数字化能力，如表2-11所示。由表可知，在不同的数字化能力域中，代表能力水平的关键词在相同水平的能力描述中将会是重复的。例如，对于新手（A1）来

说，6 个数字化能力域中均出现能力关键词"意识"；在探索者（A2）能

力水平上，前 5 个数字化能力域中均出现能力关键词"探索"。

表2-11　教育工作者数字化能力发展水平量表

水平	专业参与	数字化资源	教与学	评估	赋权学习者	促进学习者数字化能力
新手（A1）	意识到；不确定性；基本的使用	意识到；不确定性；基本的使用	意识到；不确定性；基本的使用	意识到；不确定性；基本的使用	意识到；确定性；基本的使用	意识到；不确定性；基本的使用
探索者（A2）	探索数字化选择	探索数字化资源	探索数字化教学策略	探索数字化评估策略	探索以学习者为中心的策略	鼓励学习者使用数字化技术
整合者（B1）	扩展专业实践	使数字化资源适应学习环境	有意义地整合数字化技术	加强传统评估方法	解决学习者赋权	实施活动以培养学习者的数字化能力
专家（B2）	加强专业实践	策略性地使用互动资源	加强教与学活动	策略性地及有效地使用数字化评估	有策略地使用一系列工具赋予权力	战略性地培养学习者的数字化能力
领导者（C1）	讨论和更新专业实践	综合运用先进战略和资源	有策略地、有目的地更新教学实践	批判性反思数字化评估策略	整体赋权学习者	全面、批判性地培养学习者的数字化能力
先驱者（C2）	创新专业实践	推广使用数字化资源	创新教学	创新评估	学习者参与创新	运用创新的教学模式培养学生的数字化能力

《欧洲教育工作者数字化能力框架》面向从幼儿教育到高等教育和成

人教育的各级教育工作者，包括普通和职业教育与培训、特殊需求教育

和非正规学习环境等，在教育系统的不同层面发挥作用。其基本目标是

基于共同语言和方法逻辑，为欧洲教育者数字化能力的发展提供一个通

用的参考框架，使各级教育工作者能够全面评价和发展他们的教育数字

化能力，使他们最终成为具有竞争力的数字公民。DigCompEdu 框架具有

多元文化适用性和多维立体化结构特征，有助于指导不同国家（区域）研制教育者数字化能力框架，以及制定面向国家（区域）层面的教育者数字化能力培训方案和指导面向各类教育的教师数字化专业发展政策研制。

第 3 章
教师信息素养评价指标体系

中小学教师信息素养评价是了解与提升中小学教师信息素养水平的有效途径，中小学教师信息素养评价指标则是开展中小学教师信息素养评价的重要基础。然而，目前我国尚未提出针对中小学教师信息素养的评价指标体系，且现有相关现状调查、提升策略等研究对教师信息素养的侧重点各有不同，难以全面反映我国教师信息素养发展现状。基于此，研究团队通过梳理分析典型的、与教师信息素养评价相关的框架/标准，并结合教育信息化领域专家意见和一线教育工作者的实践经验，构建了一套相对完备的中小学教师信息素养评价指标体系。

3.1　评价指标体系设计原则

研究团队在设计中小学教师信息素养评价指标体系时，为确保所设计的评价指标体系能够科学、全面、客观地反映我国教师信息素养的发展水平，遵循了以下基本原则。

一是科学性原则。科学性原则是设计评价指标体系的基本原则。该原则要求所设计的中小学教师信息素养评价指标体系要符合当前发展需求，还要符合实际评价需求，评价维度的划分和评价指标的设计都要做到有据可循。

二是系统性原则。系统性原则是指中小学教师信息素养评价指标体系作为一个统一的整体，不仅能够从意识、知识、应用、伦理和安全、专业发展这五大维度对教师信息素养进行系统全面的评价，更能基于各级评价指标从不同层次不同方面反映中小学教师信息素养的基本特征，且各级评价指标之间既相互独立，又彼此联系。

三是动态性原则。随着教育信息化的发展，教师信息素养的概念和内涵在不断地发展与完善，因而教师信息素养的评价内容也需要随之不断地做出调整与修订。基于此，在构建中小学教师信息素养评价指标体系时，要立足于我国教育信息化的发展现状，把握好当前教师职业的发展需求，确保所设计的评价指标和评价内容能够与时俱进，准确反映当前时期教师信息素养的发展特点。

四是可操作性原则。评价指标具备可操作性是评价指标体系能够应用于实践的基本前提，缺乏操作性的评价指标将无法应用于评价实践。因此，在设计中小教师信息素养评价指标体系的过程中，要考虑评价指标是否易于量化、是否具有可比性，以及评价指标对应的数据采集点是否便于采集等问题，尽可能地使评价数据的采集过程便捷高效，便于最终的数据收集与分析。

3.2 教师信息素养评价指标体系构建思路

研究团队基于对教师信息素养内涵的理解，结合国际评价理念，遵循上述教师信息素养评价指标体系设计原则，开展中小学教师信息素养评价指标体系研究。

通过对我国教育信息化的发展现状和教师职业自身发展需求的分析，结合对国内外相关标准或框架的梳理，研究团队确定了教师信息素养评价指标构建的两大发展目标，即推动信息技术与教学深度融合和促进教师专业发展。推动信息技术与教学深度融合是指将信息技术融于教学和师生交流等各个环节，转变教育教学方式，实现信息技术优化教学效果、创新教学模式；促进教师专业发展是指帮助教师适应信息化社会的挑战，利用技术促进教师群体各方面能力发展，包括促进教师个体专业能力成长和专业共同体全面发展。

　　研究团队针对信息化条件下教与学活动特点，从公民身份视角、教学场景视角、教师发展视角出发构建教师信息素养评价指标，构建思路如图 3-1 所示。具体而言，为实现上述两大总体目标，研究团队以信息时代对公民的基本信息素养需求为导向，以公民信息素养组成要素（信息意识、信息知识、信息能力、信息道德）为基础，结合教师教学场景和教师发展需求，对公民信息素养要素进行了调整和扩充，从而形成了教师信息素养评价指标体系的五大维度，即意识、知识、应用、伦理和安全、专业发展，并进一步完成了五大评价维度下具体指标的设计，最终研制出一套适应我国当前发展需求的中小学教师信息素养评价指标体系。该指标体系能够较为全面客观地评价我国中小学教师信息素养发展现状。

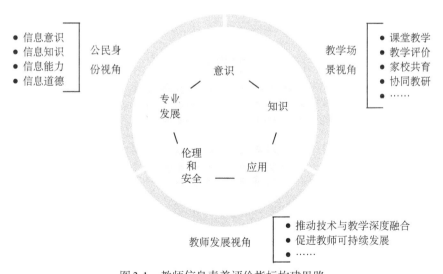

图 3-1　教师信息素养评价指标构建思路

3.3 教师信息素养评价指标体系构建过程与方法

研究团队在对典型中小学教师信息素养评价相关标准与框架进行对比分析和梳理总结的基础上，参考教育信息化领域相关专家（高校专家、教育信息化管理部门领导、中小学校长、教研员、教师）的意见和建议，构建了适用于我国中小学教师的信息素养评价指标体系，构建过程如下。

首先，研究团队针对联合国教科文组织、美国、欧盟等在教师信息素养评价方面的研究与实践成果，开展了大范围调研，通过对国内外典型的教师信息素养评价标准与框架内容的详细对比分析和总结，设计了教师信息素养评价指标体系的初步框架。

其次，为了修订完善初步构建的指标体系，研究团队于2018年4月至2021年6月开展了10轮意见征求与迭代修订，共向631名专家开展了广泛的意见征求。征求意见专家由教育信息化领域的高校专家、中国电子技术标准化研究院专家、教育部考试中心专家、省市县级教育信息化及师训机构管理者、中小学校长或学校信息化主管人员、教师教研员、一线任教和非任教教师组成。

意见征求过程中，共收集到3264条指标体系修改意见。研究团队通过对征求到的意见进行梳理，剔除矛盾、重复、不宜操作的意见，最终采纳专家意见2988条，采纳比例为91.54%。最终形成的中小学教师信息素养评价指标体系基本框架如图3-2所示。

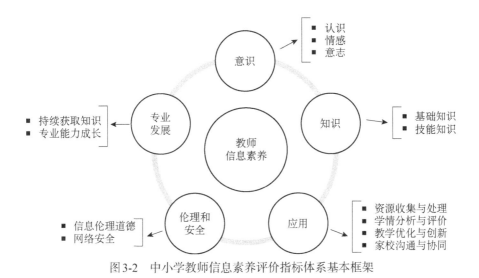

图3-2   中小学教师信息素养评价指标体系基本框架

3.4   中小学教师信息素养评价指标体系

经过上述过程，最终形成了一套中小学教师信息素养评价指标体系，该指标体系包含 5 项一级指标，13 项二级指标，32 项三级指标。5 项一级指标分别是意识、知识、应用、伦理和安全、专业发展。

3.4.1   意识

意识指客观存在的信息和信息活动在教师头脑中的能动反映，表现为教师对信息识别的敏感性、对信息价值的判断力、对信息技术教学应用的接受度等方面。意识维度包含3个二级指标，7个三级指标，具体如图3-3所示。

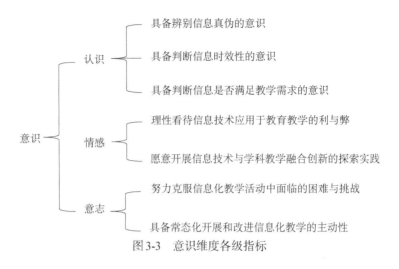

图3-3　意识维度各级指标

认识是指教师对所获得的信息进行初步判断的能力，包括具备辨别信息真伪的意识、具备判断信息时效性的意识、具备判断信息是否满足教学需求的意识。其中，具备辨别信息真伪的意识是指具有对信息的真与假进行辨别的意识；具备判断信息时效性的意识是指能够对信息时效性进行感知和判断，具有及时更新信息的意识；具备判断信息是否满足教学需求的意识是指具有对信息是否满足教学需求进行判断的意识。

情感是指教师对信息技术应用于教育教学的认识、看法及态度等，包括理性看待信息技术应用于教育教学的利与弊、愿意开展信息技术与学科教学融合创新的探索实践。其中，理性看待信息技术应用于教育教学的利与弊是指能理性看待信息化在教育教学各方面的作用，厘清信息技术在教育教学中的利与弊；愿意开展信息技术与学科教学融合创新的探索实践是指具有主动寻求信息技术与学科教学融合的创新教学模式的意识。

意志是指教师在面对信息化教学中产生的各种问题时，积极克服困难解决问题的意志，包括努力克服信息化教学活动中面临的困难与挑战、具备常态化开展和改进信息化教学的主动性。其中，努力克服信息化教学活动中面临的困难与挑战是指在信息化教学过程中遇到困难时，能努力克服困难与挑战；具备常态化开展和改进信息化教学的主动性是指有常态化开展信息化教学、持续改进信息化教学的意识。

3.4.2　知识

知识指教师在应用信息和信息技术过程中应该了解与掌握的知识，表现为教师对日常教育教学活动中所需的信息安全、信息权利、信息应用相关基础知识和常用技能知识的掌握。知识维度包含 2 个二级指标和 5 个三级指标，具体如图 3-4 所示。

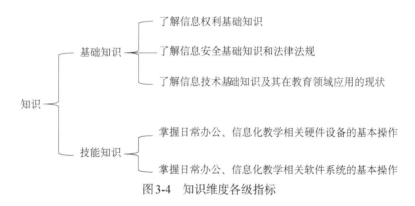

图 3-4　知识维度各级指标

基础知识是指教师应用信息和信息技术过程中应该了解的基本理论知识，包括了解信息权利基础知识、了解信息安全基础知识和法律法规、了解信息技术基础知识及其在教育领域应用的现状。其中，了解信息权利基础知识是指了解信息获取、生产、组织、拥有、传播及使用等过程中信息权利相关基础知识；了解信息安全基础知识和法律法规是指了解预防计算机病毒、防止信息泄露等信息安全相关基础知识和法律法规；了解信息技术基础知识及其在教育领域应用现状是指了解互联网、大数据、人工智能等技术的基础知识及其在教育领域的应用现状。

技能知识是指教师应用信息和信息技术过程中应该掌握的日常办公、信息化教学相关硬件设备和软件系统的技能知识。其中，掌握日常办公、信息化教学相关硬件设备的基本操作是指掌握日常办公设备、信息化教学设备等有关硬件设备的基本操作和常见问题的解决方法；掌握日常办公、信息化教学相关软件系统的基本操作是指掌握办公软件、媒体资源处理软件、学科专用教学软件、信息化教学系统等有关软件系统的基本操作和常见问题的解决方法。

3.4.3 应用

应用指教师在教学过程中应用信息和信息技术的能力，表现为能够有效利用适切的资源、工具和方法提升教学质量。应用维度包含4个二级指标和10个三级指标，如图3-5所示。

资源收集与处理是指教师应用信息技术获取和处理所需教学资源的能力，包括资源获取与甄别，资源加工、处理与整合，个人教学资源库搭建。其中，资源获取与甄别是指能够通过恰当的方式获取符合需求的资源；资源加工、处理与整合是指能够根据教学需求对相关资源进行加工、处理与整合；个人教学资源库搭建是指能够运用信息技术建立和管理个人教学资源库。

学情分析与评价是指教师应用信息技术手段开展学情诊断和分析的能力，包括开展学情分析和实施教学评价。其中，开展学情分析是指能够综合运用信息技术工具和方法开展学情分析；实施教学评价是指能够根据教学目标与内容，开展科学评价。

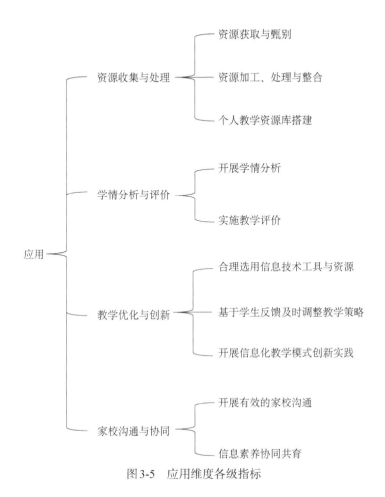

图 3-5　应用维度各级指标

　　教学优化与创新是指教师应用信息技术手段优化教学过程并开展教学模式创新的能力，包括合理选用信息技术工具与资源、基于学生反馈及时调整教学策略、开展信息化教学模式创新实践。其中，合理选用信息技术工具与资源是指能够根据教学需要，合理选用信息技术工具与资源，为教学活动提供有效支持；基于学生反馈及时调整教学策略是指能够有效使用信息技术工具收集学生反馈，对教学行为和策略进行及时调整；开展信息化教学模式创新实践是指能够选择、设计、实施信息技术与学科教学融合的新模式与新方法。

　　家校沟通与协同是指教师能选用恰当沟通手段与家长进行有效沟通，协同家长对孩子开展信息素养教育，包括开展有效的家校沟通和信息素养协同共育。其中，开展有效的家校沟通是指能够选择合适的信息交流工具和信息呈现形式开展家校沟通；信息素养协同共育是指能够协同家长教育孩子科学、健康地使用手机、平板电脑等电子产品，培养学生良好的信息素养。

3.4.4　伦理和安全

　　伦理和安全指与信息活动相关的伦理道德规范以及在应用信息和信息技术过程中的信息安全，表现为教师在信息生产、传播、使用等过程中能够遵循相关伦理道德规范、注重信息安全等。伦理和安全维度包含2个二级指标，5个三级指标，具体如图3-6所示。

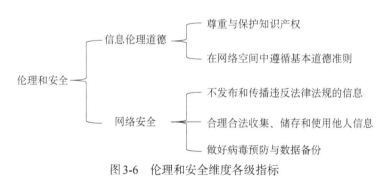

图3-6　伦理和安全维度各级指标

　　信息伦理道德是指教师能遵守与信息活动相关的道德行为规范，包括尊重与保护知识产权和在网络空间中遵循基本的道德准则。其中，尊重与保护知识产权是指在信息生产、传播和使用过程中尊重与保护知识产权；在网络空间中遵循基本道德准则是指在网络空间中遵循基本的道德准则，不捏造和散布虚假信息，不发布和传播违反社会公序良俗的不良信息。

　　网络安全是指教师能够合理合法地发布、传播和使用信息，注重对信息的保护，包括不发布和传播违反法律法规的信息，合理合法收集、储存和使用他人信息，做好病毒预防与数据备份。其中，不发布和传播违反法律法规的信息是指不发布和传播危害国家安全等违反法律法规的信息；合理合法收集、储存和使用他人信息是指遵循正当必要、知情同意、目的明确、安全保障、依法利用的原则收集、存储、使用他人信息；做好病毒预防与数据备份是指做好计算机病毒预防工作，并对重要数据进行定期备份。

3.4.5　专业发展

　　专业发展指教师能够应用信息技术促进自身和他人专业能力的持续发展，表现为教师应用信息技术持续获取学科知识与教学知识、有效开展协同教研、积极分享优质资源等方面。专业发展维度包含 2 个二级指标，5 个三级指标，具体如图 3-7 所示。

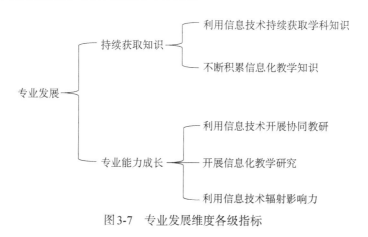

图 3-7　专业发展维度各级指标

持续获取知识是指教师能应用信息技术不断更新现有的知识结构，掌握教育信息化前沿知识，包括利用信息技术持续获取学科知识和不断积累信息化教学知识。其中，利用信息技术持续获取学科知识是指利用信息技术持续获取本学科领域的相关知识；不断积累信息化教学知识是指不断积累信息化教学方面的知识，掌握新模式，新技术和新方法。

专业能力成长是指教师能够利用信息技术开展教学研究，助力自身和他人专业发展，包括利用信息技术开展协同教研、开展信息化教学研究、利用信息技术辐射影响力。其中，利用信息技术开展协同教研是指利用信息技术开展更加广泛、有效的协同教研；开展信息化教学研究是指主持或参与信息技术与学科教学融合相关的课题研究；利用信息技术辐射影响力是指运用信息技术分享优质教育资源和先进教学经验。

第 4 章
教师信息素养评价方法与工具

4.1　常见的信息素养评价方法

4.1.1　量表法

采用量表对信息素养发展水平进行评价是较为常见的一种方法。开发量表的常见流程是：采用德尔菲法对事先拟定的信息素养评价指标进行筛选和修正，然后利用利克特量表对指标进行探索与分析，最终确立测量指标。例如，为了对中小学生的信息素养水平展开评价，美国肯特州立大学开发了信息素养能力实时测评量表（Tool for Real-Time Assessment of Information Literacy Skills，TRAILS），并基于该量表开展了信息素养实时评价项目（表4-1）。

表4-1　基于量表的信息素养评价案例

项目名称	美国肯特州立大学信息素养实时评价项目（TRAILS 项目）[①]
基本情况	TRAILS 项目是 2004 年美国肯特州立大学开展的用于评价中小学生信息素养水平的项目。其目的是评价中小学生的信息知识和能力水平，为指导信息教育实践提供可靠的指南和标准。TRAILS 项目的评价内容涉及通用信息能力（适合任何学科与日常生活需要，能在不同学科之间进行转移的有关识别、检索、评价、利用信息的知识和能力）、学科信息能力（针对特定学科或专业，了解学科的信息类别、常用信息源与检索策略、有效评价学科文献内容、判断学科文献的证据与观点）和工作实践能力（对学生工作实践一段时间后进行反馈评价，了解学生的信息能力是否满足社会需求）该项目以《学生学习的信息素养标准》为蓝本，结合美国基础教育的信息学科能力标准，设计了针对六年级和九年级的两个测试量表：九年级测试分为通用能力1和通用能力2测试，前者考查学生对信息基础概念的认识和理解，后者考查学生的信息能力应用情况。每套量表覆盖评价标准的5个测试主题，30道题目需用时30—40分钟。六年级测试与此类似，但是每套量表有25个测试题。每年TRAILS项目根据测试结果分析对测试题进行修订，使其更加贴近学生的实际水平

---

① Tool for Real-Time Assessment of Information Literacy Skills. More About the Assessment[EB/OL]. [2021-08-12]. https://www.trails-9.org/about2.php?page=about.

续表

项目名称	美国肯特州立大学信息素养实时评价项目（TRAILS 项目）
基本情况	作为在线网络测评，TRAILS 项目要求测试机构登记注册账号，有序组织学生开展测评。2004 年，美国肯特州立大学生完成 TRAILS 项目并进行在线试测。2006 年春季正式公布 TRAILS 项目网站，2009 年注册机构达到 2800 个，测试学生超过 280 000 人

4.1.2 测试法

测试法是一种从客观角度对教师的信息素养进行评价的方法。其基本流程包括依据信息素养相关指标中的内容或要求，结合教师的实际能力水平，设计测试题。在进行测试题编制过程中，为了将教师置身于信息问题之中，一般采用情景模拟测试法对测试题进行设计。情景模拟测试法是由美国首创的应用于选拔管理人才的一种科学方法，具有测试的情境性、动态性以及测试方法的多样性和评价的集体性等特点，能够客观、全面地反映被试的能力及潜力，是开展测试的有效方法。测试题一般设计为选择题的形式，与教师日常工作、生活、学习等真实情境紧密相关，根据教师对情境的反应来评价教师信息素养水平。

例如，为了客观测试高校学生信息素养能力，帮助教师和管理者了解大学生信息素养情况，美国肯特州立大学开展了"信息素养能力标准化评价"（Standardized Assessment of Information Literacy Skills，SAILS）项目，如表 4-2 所示。

表4-2　基于测试的信息素养评价案例

项目名称	美国肯特州立大学信息素养能力标准化评价项目（SAILS 项目）[1]
基本情况	SAILS 项目是2001年美国肯特州立大学开展的用于评价大学生信息素养水平的项目。其目的是对高校学生信息素养能力进行客观测试，以帮助教师和管理者了解学生信息素养情况、信息素养与成才之间的关系以及教师在信息素养教育方面应发挥的作用 SAILS 项目评价内容覆盖 8 大技能：发展研究策略，选择查找工具，查询信息，利用查找工具特点，检索信息源，评价信息源，记录信息源，了解和信息相关的经济、法律和社会问题。该项目的评价指标全部依照《美国高等教育信息素养标准》[2]，根据标准中的表现指标和成果指标编制信息素养测试问题，试题库中的测试问题经过了三轮测试：单个的学生测试，小的学生团体测试，以及大规模的实地试测。每一轮试测中发现问题的题目在改写后重新进入试测，只有通过三轮试测合格的问题才进入最终题库。目前 SAILS 试题库有两百多道难度不一的测试题和几十个进入实地试测的题目 SAILS 项目每年面向美国和加拿大高校学生举行春秋两季大规模测试。测试可以基于互联网，也可以纸笔的形式进行。2002—2005年，美国和加拿大的 82 个测试机构对 42 000 多名大学生进行了 SAILS 测试。测试结束后，SAILS 还为参加测试的机构提供基于学生群体详细的分析报告，包括根据 ACRL 标准和 8 项技能清单对学生总体表现的分析，如学生表现最好和表现最差的技能。SAILS 项目的评价结果能够客观真实地反映学生的信息素养现状，为各高校的信息素养教育战略目标和战略规划的制定提供参考依据，从而使信息素质教育更具针对性

4.1.3　问卷调查法

问卷调查法又称问卷法，为了达到调查目的和收集必要数据而设计的由一系列问题、备选答案及说明等组成的向被调查者了解情况、征询意见或收集信息的调查方法[3]。问卷编制一般包括三个步骤：确定主题、收集资料和编制题目。为了保证问卷调查结果的准确性和科学性，需要对预调查的数据进行分析，进而检验问卷本身的可信度和有效度。问卷调查法在节省人力、时间以及在分类整理和定量分析方面具有显著优

① Project Standardized Assessment of Information Literacy Skills. Project SAILS Skill Sets[EB/OL]. [2021-8-12]. https://www.projectsails.org/site/skill-sets/.

② Association of College & Research Libraries. Information Literacy Competency Standards for Higher Education[EB/OL]. 2000[2021-02-16]. https://hdl.handle.net/11213/7668.

③ 郭强. 调查实战指南—问卷设计手册[M]. 北京：中国现代经济出版社，2004.

势，受到广大研究人员的青睐。例如，2013年，国际教育成就评价协会（International Association for the Evaluation of Educational Achievement，IEA）启动了国际计算机与信息素养研究（the International Computer and Information Literacy Study，ICILS），应用问卷调查法调查八年级学生的计算机与信息素养发展背景，如表4-3所示。

表4-3　基于问卷调查的信息素养评价案例

项目名称	IEA国际计算机与信息素养研究项目（ICILS项目）[①]
基本情况	ICILS项目是2013年国际教育成就评价协会开展的大规模国际中学生计算机与信息素养测评项目，目的在于通过对世界部分国家青少年形成和发展计算机与信息素养的路径及方式进行研究，以增强其参与数据时代活动的能力 ICILS项目研究的主要问题包含两个方面：学生的信息素养能力和学生信息素养发展的背景，前者通过对学生进行测试获得，而后者则通过调查问卷获得。ICILS项目将背景因素分为4类：个人因素（包括学习者的特征，如性别、年龄、学习动机和过程等）、家庭环境（学生的家庭背景特征，也包括其他校外背景，只要与信息技术学习相关）、学校/课堂背景（包括学校的信息技术课程、教师的信息素养能力等）和宏观背景（描述信息素养学习的广泛背景，如教育系统和社区是否偏远，是否容易访问网络等）。其中，个人因素和家庭环境主要通过学生问卷开展调查，学校/课堂背景主要通过教师问卷、学校负责人问卷以及信息技术协调员问卷进行调查。宏观背景主要通过国家背景调查问卷开展调查 2013年，ICILS项目正式开展调查，参与对象包括来自21个国家或地区的3300所学校的60 000名8年级的学生和35 000位教师。测评结果对国家之间、国家内部学生表现进行了比较，同时也对影响学生计算机与信息素养的各层面因素进行了探讨，有效地回答了测评项目组提出的研究问题

4.2　基于过程性数据的信息素养评价方法

《教育部关于实施全国中小学教师信息技术应用能力提升工程2.0的

---

① Julian，F.，Wolfram，S.，& John，A. International Computer and Information Literacy Study：Assessment Framework［M/OL］．Netherlands：MultiCopy，2013［2021-2-16］．https://research.acer.edu.au/cgi/viewcontent.cgi?referer=&httpsredir=1&article=1010&context=ict_literacy.

意见》①提出"推动开展以教师网络学习空间应用为核心的过程化评价,收集来自区县各校教师教学、教研的常态数据,进行数据综合挖掘,切实提高精准诊断、及时干预和个性化服务教师能力提升的水平"的有关要求,这为开展基于过程性数据的教师信息素养评价打下了良好的政策基础。与此同时,数字校园的建设、网络学习空间的普及以及智能教育应用的蓬勃发展,不仅可以支持师生组织实施丰富的教育教学活动,还聚合了教师利用信息技术开展日常教学、教研等活动的行为数据,为开展基于过程性数据的信息素养评价提供了丰富的数据来源。

4.2.1　方法概述

基于过程性数据的信息素养评价方法是一种数据驱动的新型评价方法,旨在通过过程性数据的采集、加工与分析,构建智能评价模型,以实现自动化评价。通常,利用数据分析模型对过程性数据进行训练,并通过不断修正生成最优评价模型,进而实现从过程性数据到评价结果的自动化评价,具体流程如图4-1所示。

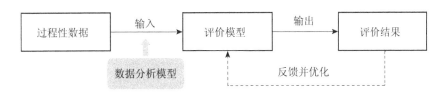

图4-1　基于过程性数据的评价流程

---

① 教育部. 教育部关于实施全国中小学教师信息技术应用能力提升工程 2.0 的意见［EB/OL］. 2019［2021-02-20］. http://www.moe.gov.cn/srcsite/A10/s7034/201904/t20190402_376493.html.

4.2.2 过程性数据的采集

过程性数据主要指教师在教育应用支持平台中开展教学、教研及管理等的行为数据，主要来源包括但不限以下平台。

数字教育资源公共服务平台是数字教育资源公共服务体系的重要环境，支持政府提供数字教育资源基本公共服务以实现优质教育资源的汇聚与应用，在提供资源上传下载服务的基础上，强调以学习空间为核心的资源推送[①]。

网络学习空间是融资源、服务、数据为一体，支持共享、交互、创新的网络学习场所，通过个人空间、机构空间、公共应用服务和数据分析服务四个功能模块，实现重构学习环境、优化资源供给、变革教学模式、重塑评价方式、创新服务模式、提升治理水平等目标[②]。

在线教学平台是互联网时代学习发生的重要工具和场所，包括资源平台、实时交流工具、综合性学习管理平台三类[③]，能有效支持泛在学习和终身学习，实现对教与学行为的全记录，对教学理念、教学模式、教学环境等方面进行变革与创新。

网络研修平台是支撑教师远程培训和网络研修的重要载体，是一种以网络为基础开展教研工作的新环境，通过课程资源库、生成性资源、个人空间、学校社区、区域社区等多个模块的建设与应用，深化教师培

---

① 教育部. 教育部关于数字教育资源公共服务体系建设与应用的指导意见[EB/OL]. 2017[2021-02-20]. http://www.moe.gov.cn/srcsite/A16/s3342/201802/t20180209_327174.html.

② 教育部. 教育部关于发布《网络学习空间建设与应用指南》的通知[EB/OL]. 2018[2021-02-20]. http://www.moe.gov.cn/srcsite/A16/s3342/201805/t20180502_334758.html.

③ 罗恒，冯秦娜，陈莹等. "战疫"期间中小学在线教学平台与工具调研[J]. 现代教育技术，2020，30（7）：113-119.

训模式改革，提升培训质量①。

　　过程性数据采集方案的确定可根据教师信息素养评价指标，结合各地区平台应用的实际情况，进一步关注教师在相关功能模块中的行为数据，实现不同指标在空间行为上的映射，进而确定对应的空间行为数据及采集内容与方式。例如，根据教师信息素养评价指标和《网络学习空间建设与应用指南》等相关政策指导文件，研究团队对通用网络学习空间过程性数据采集涉及的功能模块进行了汇总与梳理，主要包括个人管理、资源管理、应用管理等13个模块，具体如图4-2所示。

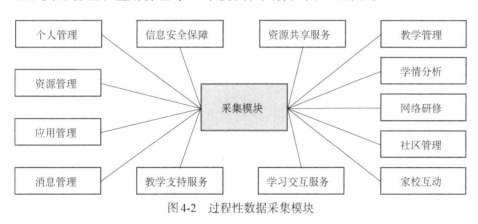

图4-2　过程性数据采集模块

4.2.3　常用的数据分析模型

　　在实践中，可结合常用的统计分析、机器学习、自然语言处理、复杂网络等对教师在教学、教研及管理过程中的行为数据进行分析与挖掘，识别教师行为特征、探寻典型行为模式。在分析教师行为与信息素养水平间的相关性方面，可通过回归模型构建基于过程性数据的教师信

---

① 教育部. 关于印发《网络研修与校本研修整合培训实施指南》的通知[EB/OL]. 2014[2021-02-20]. https://www.eduyun.cn/u/cms/training/201404/16142542d98p.pdf.

息素养评价模型，并通过灵敏度分析、拟合度分析等对模型效果进行反馈与修正，探寻最优评价模型，以支持基于证据的信息素养过程性、伴随性评价，助力实现数据驱动下的精准诊断。

这里对常用的几种回归模型进行介绍。

线性回归（linear regression，LR）可用于描述一个因变量与一个或多个自变量之间的线性依存关系，通常使用最小二乘逼近来拟合线性模型，进而确定参数得到回归方程[1]，具体如图4-3所示。在评价过程中，可通过回归方程对教师过程性数据的数值进行计算，从而得到教师信息素养相关评分。

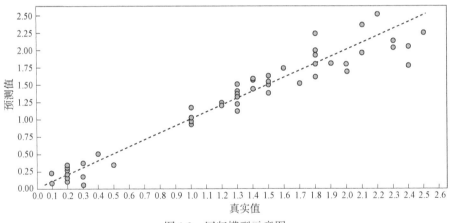

图4-3　回归模型示意图

K邻近法（K-nearest neighbor，KNN）是一种基于实例的学习方法，其核心思想是建立向量空间模型，基于某种距离度量方式找到训练集中与测试点最接近的K个近邻点，利用这个近邻点对测试集进行预测[2]，具体

---

① 谢宇. 回归分析（修订版）[M]. 北京：社会科学文献出版社，2013.

② Sun，S.，& Huang，R. An Adaptive K-nearest Neighbor Algorithm[C]. //Li，M.，Liang，Q.，Wang，L.，Song，Y. Proceedings of 2010 Seventh International Conference on Fuzzy Systems and Knowledge Discovery. Piscataway，NJ：IEEE，2010：91-94.

如图4-4所示。在评价过程中，可基于教师过程性数据的情况找到与其最相近的K个近邻教师，进而将近邻教师得分的平均值作为评价结果。

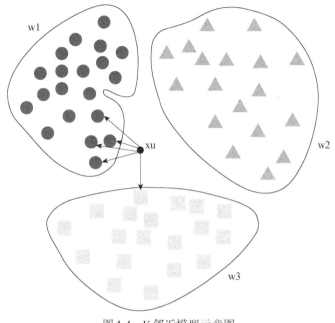

图4-4　K邻近模型示意图

分类和回归树（Classification And Regression Tree，CART）是最常使用的一种决策树，是一种基于特征范围的树状遍历生成的模型。在回归模型生成过程中遵循平方误差最小化准则，通过递归方式寻找最优切分特征和最优切分点，构建二叉回归树以实现对连续型数值的回归[1]，具体如图4-5所示。在评价过程中，基于教师过程性数据从根节点开始逐步计算，最终得到评价结果。

---

① Breiman，L.，Friedma，J.，Olshen，R.，Stone，C.，　Olsen，R.，　Breimann，L.，　Fried，J. H.，& Breimain L. Classification and Regression Tress[J]. Encyclopedia of Ecology，1984，40（3）：582-588.

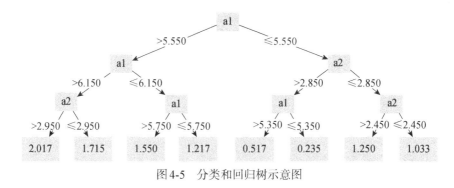

图4-5　分类和回归树示意图

随机森林回归（random forest regression，RFR）是由若干回归树组合而成的回归模型，每个树参数集是独立同分布的随机向量，最终结果由多个回归树的（带权）平均值决定[①]，具体如图4-6所示。该模型通过使用bootstrap采样方式，即从输入数据集中采集多个不同的子训练数据集来依次训练多个不同树。在评价过程中，计算多个回归树中教师过程性数据的得分情况，进而通过均值计算获得最终评价结果。

支持向量回归（Support Vector Regression，SVR）是一种通过超平面分隔解决高维特征回归的模型，它沿用了分类模型中最大间隔分类器的思想，通过找到一个回归平面让一个集合的所有数据到该平面的距离最小[②]，具体如图4-7所示。在评价过程中，将教师过程性数据通过核函数映射到一个高维的特征空间中，进而实现回归计算，得到评价结果。

BP神经网络（back propagation neural network，BPNN）是具有输入层、隐藏层和输出层的三层神经网络，每一层都由若干神经元组成，其原理是输入学习样本，通过反向传播算法对网络的偏差和权值进行反复

① Liaw，A.，& Wiener，M. Classification and Regression by Randomforest[J]. R News，2020，2/3（12）：18-22.

② Cortes，C.，& Vapnik，V. Support-Vector Networks[J]. Machine Learning，1995，20（3）：273-297.

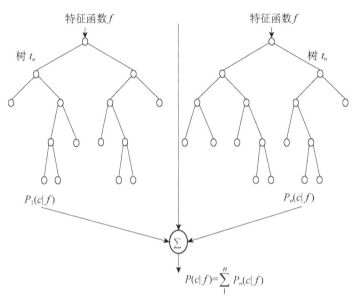

图 4-6　随机森林模型示意图[1]

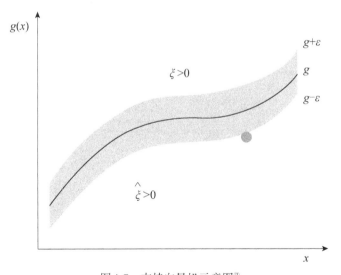

图 4-7　支持向量机示意图[2]

---

① Le, J. The 10 Algorithms Machine Learning Engineers Need to Know[EB/OL]. [2021-02-20]. https://www.kdnuggets.com/2016/08/10-algorithms-machine-learning-engineers.html.

② Bishop, C. Pattern Recognition and Machine Learning[M]. New York：Springer-Verlag, 2006.

的调整训练，最终得到的输出值尽可能与期望值相接近^①，具体如图4-8所示。在评价过程中，可将教师过程性数据输入到训练好的模型实现自动评价。

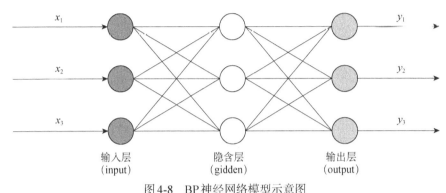

图4-8　BP神经网络模型示意图

4.2.4　基于过程性数据评价的优势

基于过程性数据的教师信息素养评价方法是一种基于教育应用支持平台中教师教学、教研及管理等过程性数据对教师信息素养发展水平进行评价的方法，其主要优势包括以下四个方面。

第一，伴随采集。基于过程性数据的评价采用无感知、伴随性的数据采集方式，无需教师参与数据采集过程，可有效减轻教师的负担，使评价数据采集过程更加高效、细致。

第二，操作灵活。基于过程性数据的评价操作灵活，弥补了传统评价流程的复杂烦琐的短板，更加适用于大规模、大范围的评价活动。

第三，数据驱动。基于过程性数据的评价适应大数据分析与评价的

① Rumelhart，D. E.，& Hinton，G. E.，Williams，R. J. Learning Representations by Back Propagating Errors[J]. Nature，1986，323（6088）：533-536.

发展趋势，能够融合多种大数据分析、机器学习等先进分析算法与工具整合教育活动各环节的碎片化信息，挖掘出更多的隐性数据与关联，推动教师信息素养评价从"经验"走向"数据"。

第四，个性指导。基于过程性数据的评价关注教师解决现实问题的能力，通过评价对象在实践过程中的表现来判断其水平，使得评价更加深入、精准，为个性化指导提供支持。

4.3 教师信息素养评价工具与系统

4.3.1 教师信息素养测评量表

量表是评价信息素养发展水平的常见工具。为了探究教师信息素养发展现状、影响机制等，已有学者编制了教师信息素养相关量表。下面将介绍几个教师信息素养相关量表，以供读者参考。

（1）教师数字能力评价量表

为了评价教育者的数字能力，西班牙学者 Alarcón 等[1]基于《欧洲教育工作者数字化能力框架》并发了教师数字能力评价量表，如表 4-4 所示。该评价量表除了包含《欧洲教育工作者数字化能力框架》的六大领域之外，还考虑了与教育工作者工作环境相关的另外两个领域："数字工具"和"外部支持"，共包含 29 个项目。该量表为 6 点利克特量表（1 代表"完全不同意"，2 代表"不同意"，3 代表"部分同意"，4 代表"同

---

① Alarcón, R., Pilar Jiménez, E. D., & de Vicente-Yagüe, M. I. Development and Validation of the DIGIGLO, Tool for Assessing the Digital Competence of Educators[J]. British Journal of Educational Technology, 2020, 51（6）: 2407-2421.

意"，5代表"非常同意"，6代表"完全同意"），得分越高表示数字能力越高。其中，前22个项目对应于《欧洲教育工作者数字化能力框架》中描述的六大领域，即专业参与、数字化资源、教与学、评估、赋权学习者和促进学习者数字能力，后8个项目考虑了外在因素，涉及教育工作者在工作环境中可获得的数字资源和机会。该量表可用于教育者的自我评价，也可作为机构的绩效评价工具。

表4-4 教师数字能力评价量表

维度	题目	1	2	3	4	5	6
专业参与	我能借助信息通信技术与学生、同事及相关机构进行流畅的沟通						
	我是网络或虚拟教师社区用户，我经常在社区开展交流						
	我会反思我使用ICT的教学实践						
数字化资源	我能在尊重版权的前提下，识别、评价和选择教学过程的材料						
	我可以在获得许可的情况下修改材料，并使用软件创建新材料，以此来满足学生的需要						
	我能够组织和管理学生使用的材料，懂得尊重隐私和版权规则						
教与学	我将数字设备和资源整合到教学中						
	我使用数字技术来指导我的学生，为他们提供支持，并促进所有人的互动						
	我使用数字技术来促进学生的协作学习						
	通过使用我提供的信息通信技术工具，学生能够在学习过程中取得进步，并与其他同学分享和互动						
评估	我使用数字工具对我的学生进行形成性和总结性的评估						
	我选择并批判性地分析我和学生的数字活动						
	学生喜欢我提供给他们的评估工具，因为这样可以让他们从反馈中了解自己的进步情况						

续表

维度	题目	1	2	3	4	5	6
赋权学习者	我正在考虑使用能满足不同学生需求的工具，以促进有特殊教育需要的学生融入社会						
	我使用替代工具提供不同的教学方法，让学生根据自己的学习节奏学习						
	我知道如何使用工具来充分发挥学生的潜能，包括激励他们、开展实践、进行科学研究、发挥创造力						
促进学习者数字能力	从信息化的角度来看，我的学生具备的知识足够全面且结构合理，进而能够实施和支持他们的课程						
	我的学生在我的学科中具有较好的数字素养，能够在学习过程中快速和批判性地使用工具						
	我的学生能够在自己生成材料时遵守创意许可、尊重版权						
	学生能意识到使用技术可能带来的风险，并以一种符合规范的方式行事						
	学生能够为学习过程中出现的任何技术问题找到解决方案或替代方案						
数字工具	在我的数字化教学中会依赖于某个核心的软件						
	在我的数字化教学中会依赖于某个核心的硬件						
	在我们学校，教师使用数字设备是没有限制的						
	我们学校有关于使用教学工具的课程、会议和培训						
	我们学校制定了改进教师数字工具的计划						
外部支持	我们学校会研究各类用户提出的关于改进现有信息技术的建议						
	我们学校每年都会对软硬件的数字体验进行改进						
	我们学校会设立一个专门的部门或机构，用来解答或解决教师在使用数字工具过程中遇到的问题，而且反馈十分迅速						

（2）教职工信息和通信技术量表

为了有效且可靠地测量教师之间数字鸿沟，Soomro 等[1]开发了教职工信息和通信技术量表，如表4-5所示，该表从动机、物理获取、技能和使用情况的角度衡量教师对 ICT 的访问。该量表包括八个维度：物理访问、内源性动机、外源性动机、操作技能、信息技能、策略技能、一般使用和教学使用，共57个项目。其中，物理访问维度主要通过核对表对台式电脑、笔记本电脑以及学习管理系统等13种设备或软件的数量信息进行调查。动机访问、操作技能和信息技能等其他维度则采用5点利克特量表进行测量（1代表"完全不同意"，2代表"不同意"，3代表"部分同意"，4代表"同意"，5代表"完全同意"），得分越高表示使用水平越高。

该量表具有良好的心理计量学特性，从四个方面（动机、物理、技能和使用情况的获取）捕获教师对 ICT 的访问，有助于研究高校教师之间的数字鸿沟问题，但是其局限性在于，该量表依赖于受访者的自我报告数据来估计他们对 ICT 的访问，从而导致可能无法反映教师 ICT 访问的真实情况，尤其是在记录其技能访问时。

表4-5　教职工信息和通信技术量表

维度	题目	1	2	3	4	5
内源性动机	借助网络提供的信息我能做出更好的决策					
	使用ICT对我没有任何好处					
	使用电脑和网络可以提高我的工作表现					
	使用电脑和网络是一件愉快的事情					

① Soomro，K. A.，Kale，U.，Curtis，R.，Akcaoglu，M.，& Bernstein，M. Development of an Instrument to Measure Faculty's Information and Communication Technology access（FICTA）[J]. Education and Information Technologies，2018，23（1）：253-269.

续表

维度	题目	1	2	3	4	5
外源性动机	其他老师使用电脑和互联网启发了我					
	我想使用 ICT 是因为我的上司希望我使用它					
	我希望使用电脑和互联网是因为我的学生认为我应该使用它们					
	我对使用数字技术很感兴趣，因为我的学校提供了充足的技术支持					
操作技能	我觉得在文字处理程序中创建和刻录文本很舒服					
	创建一个计算机演示文稿对我来说很容易					
	我觉得很难改变一些基本的电脑设置（如墙纸、时间/日期、声音等）					
	我能把网站上的图片和文档保存在硬盘中					
	我有信心从网上下载程序					
	我可以用电子邮件发送附件					
	我非常了解如何将文件从硬盘传输到 U 盘，反之亦然					
信息技能	我总能知道在网络上搜索时使用什么搜索词					
	我可以使用预先搜索选项来获得我需要的信息					
	我能自信地评估在互联网上找到的信息来源					
	综合网上信息让我感觉很舒服					
	在网上检索一个网站对我来说很容易					
	我可以很容易地从搜索结果中做出选择					
策略技能	我可以通过在网上搜索做出选择					
	使用因特网我就能达到我预定的目标					
	在互联网上，我很容易朝着一个特定的目标努力					
	我可以从使用电脑和互联网中获得好处					
	通过使用各种 ICT 工具，我有信心实现我的目标					
	在网络的帮助下，我可以自信地做出重要的决定					

续表

维度	题目	1	2	3	4	5
一般使用	我在网上搜索我感兴趣的信息					
	我会利用ICT支持我的研究活动					
	我把电子邮件作为交流的主要方式之一					
	我通过互联网进行语音视频通话					
	我用电脑写信件、报告和/或论文					
	我用电脑准备演示文稿					
	我用一个扩展程序存储和操作数据					
	我用数字技术看电影或电视节目					
教学使用	我使用ICT在学生之间就作业进行交流					
	我使用ICT来加强学生的内容学习					
	我使用ICT促进学生的小组协作					
	我使用ICT来提高学生解决问题的技巧					
	我使用数字技术来传授我的教学					
	我使用数字技术与学生交流					
	我利用电脑和网络资源准备学习材料					
	我在ICT的帮助下培养学生的批判性思维能力					
	我使用ICT来鼓励我的学生之间开展同伴反馈					

（3）中小学教师信息素养量表

为了了解教师信息素养发展现状，对教师信息素养水平开展评价，已有研究者开展了相关评价研究。例如，马欣研等[①]借鉴联合国教科文组织的观点，以理解教育中的信息与通信技术（以下简称"理解教育中的

———————————

[①] 马欣研，朱益明，薛峰. 教师信息素养分析框架构建与应用研究[J]. 开放教育研究，2019，25（3）：92-102.

ICT"）、课程与评估、教学方法、信息与通信技术、组织与管理、教师专业发展六个维度为基础，编制了中小学教师信息素养量表，如表 4-6 所示。该量表旨在分析教师信息素养发展各阶段的特点以及各维度的水平，具体问题的设置参考了联合国教科文组织相关内容文件。

表 4-6　中小学教师信息素养量表

维度	题目	1	2	3	4	5
理解教育中的 ICT	信息技术能在多大程度上为学生学习提供有价值的资源和工具？					
	信息技术能在多大程度上改变学校教育？					
	信息技术能在多大程度上促进或推动您的教学？					
课程与评估	您在多大程度上与学生一起使用信息技术进行教与学？					
	您在多大程度上使用信息技术创新评价或考核方式？					
	您在多大程度上帮助学生运用信息技术获得解决问题的技能？					
教学方法	您在多大程度上与学生一起使用信息技术进行教与学？					
	您在多大程度上使用信息技术创新评价或考核方式？					
	您在多大程度上帮助学生运用信息技术获得解决问题的技能？					
信息与通信技术	在教学过程中，您在多大程度上使用搜索引擎（百度、谷歌等）查找数字资源？					
	您在多大程度上使用网络社交工具与学生、同事进行学习或专业方面的交流？					
	您的班级在多大程度上利用在线交流工具与其他学校班级一起进行学习？					
组织与管理	您在多大程度上使用信息技术手段和数字资源对学生进行个别辅导？					

维度	题目	1	2	3	4	5
组织与管理	您在多大程度上使用信息技术手段和数字资源组织学生开展小组活动？					
	您在多大程度上与其他教师分享使用信息技术的经验或共享资源？					
教师专业发展	您能否举出三个与网络伦理道德相关的事件？					
	您入职后是否经常接受信息技术方面的培训？					
	您的同事在多大程度上向您请教过关于在教学中使用信息技术或数字资源的问题？					

4.3.2　教师信息素养测评试卷

测评试卷也是一种常见的测评工具，常用于考察被测者的知识和能力。研究团队基于研制的《中小学教师信息素养评价指标体系》（以下简称《指标体系》），综合运用情景测试法、德尔菲法等方法开发了中小学教师信息素养测评试卷①（以下简称《测评试卷》）。

该测评试卷的测评维度与《指标体系》保持一致，涉及意识、知识、应用、伦理和安全、专业发展五大维度，每个三级指标对应一道测试题。

意识主要是指客观存在的信息和信息活动在教师头脑中的能动反映，表现为教师对信息识别的敏感性、对信息价值的判断力、对信息技术教学应用的接受度等方面。例如，了解教师在"愿意开展信息技术与学科教学融合创新的探索实践"方面的表现时，设计了这样一道测试

---

① Zhou, C., Wang, H., Liang, X., & Chen, M. Development and Application of Information Literacy Assessment Tool for Primary and Secondary School Teachers[C]. //Xie, Y., Huang, Y., Workman, J., Zhen, H., Hwang, J. Proceedings of 2020 Ninth International Conference of Educational Innovation through Technology. Los Alamitos, CA: IEEE Computer Society, 2020: 70-75.

题，如表4-7所示。该题通过教师在面对"所在的学校新建了几间智慧教室，学校鼓励您探索基于智慧教室的教学创新"这一事件的表现来考察其信息意识水平。教师能够参照网上优秀案例，并结合自身实际情况探索在智慧教室的教学模式，才能表明该教师具有主动探索信息技术与学科教学融合创新实践的意识。

表4-7　意识维度测试题目示例

维度	题目
意识	您所在的学校新建了几间智慧教室，学校鼓励您探索基于智慧教室的教学创新，以下最符合您实际想法的是：（　　）（单选） A. 相对于使用智慧教室，还是倾向于在传统教室中开展教学实践 B. 待学校组织智慧教室培训后，在智慧教室开展教学实践 C. 模仿网上优秀案例的教学方式和流程，在智慧教室开展教学实践 D. 参照网上优秀案例，结合自身实际情况探索在智慧教室的教学模式

知识主要指教师在应用信息和信息技术过程中应该了解与掌握的知识，表现为教师对日常教育教学活动中所需的信息安全、信息权利、信息应用相关基础知识和常用技能知识的掌握。例如，考察教师对"掌握日常办公、信息化教学相关软件系统的基本操作"的掌握情况时，设计了这样一道测试题，如表4-8所示。该题考察了教师在国家教育资源公共服务平台中上传资源的基本操作，如果教师能够从选项中识别出上传资源时不需"填写个人身份证号"这一操作步骤，则表明教师对国家教育资源公共服务平台比较熟悉，能够掌握该系统的基本操作知识。

表4-8　知识维度测试题目示例

维度	题目
知识	在国家教育资源公共服务平台上传资源不需要以下哪个步骤：（　　）（单选） A. 点击"完成并提交"按钮 B. 选择需要上传的资源 C. 填写资源说明（资源标题、类型等） D. 填写个人身份证号

应用是指教师在教学过程中应用信息和信息技术的能力，表现为能够有效利用适切的资源、工具和方法提升教学质量。例如，考察教师在"基于学生反馈及时调整教学策略"方面的表现时，设计了这样一道测试题，如表4-9所示。该题通过教师对学生课堂表现情况的反应，来考察教师在教学实践中灵活调整教学策略的能力。如果教师能够根据学生在随堂测验中的表现、课堂表情等及时调整上课节奏，设计教学活动吸引学生注意力，则表明教师在这方面表现较好。

表4-9 应用维度测试题目示例

维度	题目
应用	以下说法正确的是：（ ）（多选） A. 当大多数学生在随堂测验中表现不理想时，可能需要重新讲解学生掌握情况比较差的知识点 B. 当多位学习成绩优秀的学生在与某知识点相关的随堂测试中表现优秀时，可以结束该知识点的教学，开始讲解下一个知识点 C. 上课时发现大部分学生眉头紧皱、一脸迷茫时，可能需要调整讲课节奏，重新讲解该知识点 D. 发现学生心不在焉、满脸困倦时，可以考虑设计小组讨论、竞赛抢答等活动来引起学生注意

伦理和安全主要指与信息活动相关的伦理道德规范以及在应用信息和信息技术过程中的信息安全，表现为教师在信息生产、传播、使用等过程中能够遵循相关伦理道德规范、注重信息安全等。例如，考察教师在"尊重与保护知识产权"方面的表现时，设计了这样一道测试题，如表4-10所示。该题通过结合教师的日常工作来考察教师在保护知识产权、确保信息的授权使用方面的表现。假如教师能从选项中识别"在社交平台上转载他人已注明'禁止转载'的资源"这一错误做法时，表明教师能够遵守基本的信息道德规范，对于错误的信息伦理道德行为有很好的认知。

表4-10　伦理和安全维度测试题目示例

维度	题目
伦理和安全	以下做法错误的是：（　　　）（单选） A. 在撰写论文时，对引用的他人观点、成果进行标注 B. 在社交平台上转载他人已注明"禁止转载"的资源 C. 在进行课堂授课时，标注出已授权的资源出处 D. 当发现他人私自出售自己的授课视频时，使用法律武器维护自己的合法权益

专业发展主要指教师能够应用信息技术促进自身和他人专业能力的持续发展，表现为教师应用信息技术持续获取学科知识与教学法知识、有效开展协同教研、积极分享优质资源等方面。例如，考察教师在"利用信息技术持续获取学科知识"方面的表现情况时，设计了这样一道测试题，如表4-11所示。该题通过教师日常对学科知识的学习关注情况来考察教师利用信息技术对学科知识的持续学习。假如教师能够经常关注学科主题网站、学科公众号、学术期刊以及在线学习平台等，则表明教师能够综合应用多种途径开展学习，实现学科知识持续性获取。

表4-11　专业发展维度测试题目示例

维度	题目
专业发展	以下哪些描述符合您的实际情况：（　　　）（多选） A. 经常浏览本学科相关主题网站，学习本学科知识，丰富自身学科知识体系 B. 经常关注本学科相关的公众号、微博等新媒体，了解本学科发展前沿 C. 经常关注本学科相关学术期刊，了解本学科研究的最新进展 D. 在国家精品课程在线学习平台上选修本学科相关课程知识，扩展学科视野 E. 以上均不符合

4.3.3　教师信息素养测评系统

教师信息素养测评系统可支持教育管理者对教师的信息素养开展线上测评，实现对教师信息素养发展水平的评价与监测，直观呈现教师发展现状。研究团队研发了一个教师信息素养测评系统（http://tail-t.ccnu.edu.cn/new/login），如图4-9所示。该系统为教师信息素养测评提供了包括数据采集、数据分析、自动测算、可视化结果展示等在内的一站式支持服务，能较好地支持教师信息素养测评，帮助教育管理者和教师个人了解信息素养发展现状，为管理者提供决策依据，助力教师个人有针对性地实现信息素养提升。目前，该教师信息素养测评系统已对来自我国首批"智慧教育示范区"、"互联网+教育"示范区以及广西、江苏等区域的约40万名中小学教师提供了信息素养发展水平在线测评与分析服务。

图4-9　教师信息素养测评系统

该系统主要包括四大功能模块：测评模块、管理模块、数据测算模块、结果可视化模块。

（1）测评模块

测评模块主要面向参评教师，为教师提供测评试卷，并通过测评试卷收集教师信息素养相关评价数据。首先，系统根据评价指标体系从测试题库中抽取对应测试题构成测评试卷，并生成对应的访问链接和二维码；接着，教师通过网址或者二维码访问测评试卷并在线作答；教师提交答案后，系统对相关数据进行收集。测评试卷页面如图4-10所示。

（2）管理模块

管理模块主要面向区域管理员和系统管理员，包括用户管理、区域管理、学校管理、指标管理、题库管理、测评管理6个子模块。

其中，用户管理子模块能够对用户基本信息进行管理，主要包括系统管理员、区域管理员、教师用户的账号、用户名、姓名、邮箱等，并支持对账号进行搜索、添加、修改和删除等操作。

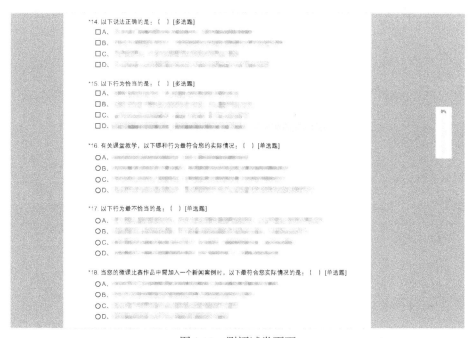

图4-10　测评试卷页面

区域管理子模块主要实现对全国各级行政区域的相关信息进行管理，主要包括区域ID、全称、简称等，同时支持对区域信息进行添加、删除、查找和修改等。

学校管理子模块能够对测评学校的相关基本信息进行管理，主要包括行政区域划分、学校名称、学校类型等，可对学校进行添加、删除、查找和修改等操作，且添加功能支持单个添加和批量添加两种方式。

指标管理子模块主要用于管理测评指标，主要包括指标ID、指标名称、指标描述、等级、添加时间等信息，不仅可以在指标库中添加、删除和修改指标，还可以根据测评对象的不同，构建相应的指标组合。

题库管理子模块主要管理基础信息题和测评题，可在题库中对题目进行搜索、添加、复制、编辑或删除。题目的类型包括填空、单选、多选等。对所有题型均可设置相应的评分规则和填写规范，方便后期数据测算。测评题可与指标库中的具体指标建立关联。题库管理页面如图4-11所示。

图4-11　题库管理页面

测评管理子模块主要对测评试卷进行管理，主要包括测评试卷生成、编辑、开启、终止、删除等。关于测评试卷的生成，教师信息素养测评系统提供了手动组卷和自动组卷两种方式。其中，手动组卷是指管理者手动从题库中选择特定的试题组成测评试卷，测评试卷是固定的，所有参评者看到的试题都一样。自动组卷是指系统以一套评价指标体系为依据，随机从与每个三级指标关联的多道难度相近的试题中分别随机抽取一道试题进而组成测评试卷。自动组卷方式每次生成的测评试卷可能不同，也就是说，不同老师要完成的测试题可能是不完全相同的。

（3）数据测算模块

测评结束后，系统可根据采集到的测评数据和指标权重，按照加权累和的方法对教师的信息素养发展水平进行测算，如图 4-12 所示。其中，指标权重有三种：借助熵值法生成的客观权重、手动录入的主观权重以及结合两者的综合权重，根据实际需要可对权重进行设置。

图 4-12　数据测算页面

（4）结果可视化模块

系统对测评数据进行测算后，则以可视化的方式呈现测算结果。结果可视化呈现模块主要包括教师个人测评结果可视化和区域测评结果可视化，即可以从不同维度展示教师个人信息素养发展水平，也可呈现区域教师信息素养发展状况。

对于教师个人测评结果，系统不仅向教师反馈了信息素养的整体得分，还可视化呈现了教师在各维度的发展情况，以帮助教师了解自身信息素养发展表现，如图4-13所示。

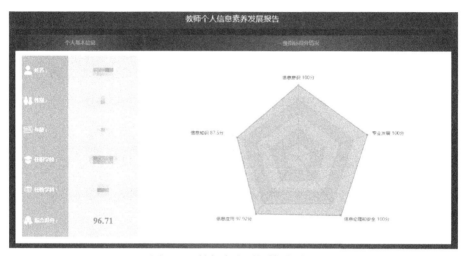

图4-13　教师个人测评结果页面

对于区域测评结果，系统绘制了区域教师信息素养动态图，直观呈现区域教师信息素养发展情况，如图4-14所示。该动态图直观展示了区域参评教师基本情况、教师信息素养整体及各维度得分等，实现了各区域教师信息素养发展情况横向对比。

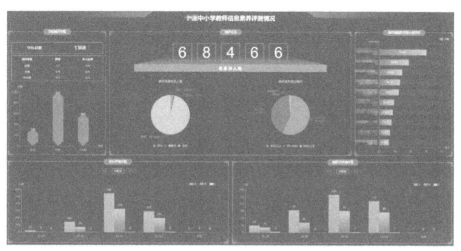

图 4-14　区域教师信息素养动态图页面

第 5 章
教师信息素养评价实践案例

第 4 章介绍了常见的三种信息素养评价方法以及基于过程性数据的评价方法。其中，量表法、测试法、问卷调查法这三种常见方法可以采用线下测评或线上测评的形式开展。由于线下测评与传统的纸笔测评类似，因而不再做进一步介绍，本章主要结合实例对线上测评和基于过程性数据的评价方法进行介绍。

5.1　基于线上测评的教师信息素养评价实践

线上测评由于数据采集便捷等优点，逐渐成为信息素养评价的常用方式之一。研究团队基于所开发的教师信息素养测评工具和系统，采用线上测评的方式在我国首批"智慧教育示范区"、"互联网+教育"示范区以及广西、江苏等区域开展了教师信息素养评价实践，参评教师总计约40 万人。下文将以 A 地区中小学教师信息素养测评项目为例，对基于线上测评的评价过程、方法进行详细介绍。

5.1.1　基本情况

A 地区地处我国西部，为了掌握该地区的中小学教师信息素养水平和发展问题，研究团队于 2020 年在该地区开展了中小学教师信息素养测评。

（1）测评对象

该测评项目面向 A 地区全体中小学校的一线任教学科教师。参与测评的教师共 66 549 位，涉及一年级到十二年级的所有任教学科。参与教

师的教龄、任教学科及所属学校类型的具体分布情况如图 5-1—图 5-3
所示。

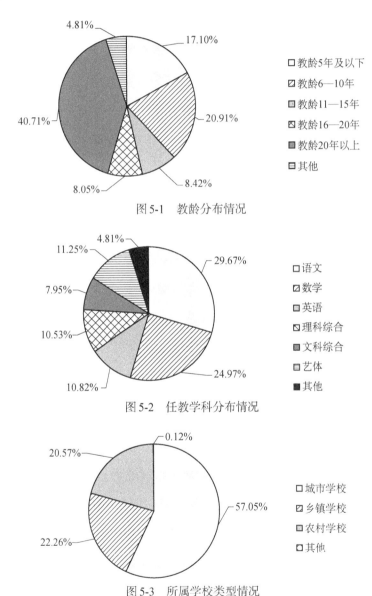

图 5-1　教龄分布情况

图 5-2　任教学科分布情况

图 5-3　所属学校类型情况

（2）测评系统

该项目主要使用 4.3.3 小节中介绍的教师信息素养测评系统（http://tail-t.ccnu.edu.cn/new/login）开展测评。参评教师在测评系统进行教师信息素养发展水平测试后，系统对测评数据进行收集、分析与测算，并可视化呈现测评结果。教师可通过系统在线查看个人的信息素养测评结果，区域管理员可通过系统查看所属区域的教师信息素养测评结果。

5.1.2　实施流程

该教师信息素养测评项目的实施流程如图 5-4 所示。

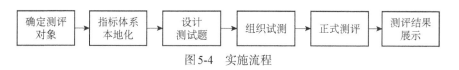

图 5-4　实施流程

第一步，确定测评对象。该项目的测评对象为 A 地区基础教育阶段一年级到十二年级的全体一线任教学科教师。

第二步，指标体系本地化。该项目以第 3 章中所述的教师信息素养评价指标体系为基础，根据 A 地区的教育信息化发展现状、发展目标等实际情况对指标体系进行了本地化设计，使之更贴合 A 地区教师信息素养的发展需求。之后，将本地化的中小学教师信息素养评价指标体系录入测评系统的指标库中，以便后续开展测评。

第三步，设计测试题。基于本地化的中小学教师信息素养评价指标体系，研究团队设计了对应的测试题。每个三级指标对应多道难度相近的测试题。测试题包括单选题、判断题和多选题三种类型。测试题的设计主要采用情景设计法，与教师日常工作与生活情景紧密结合。例如，为考察教师在意识维度下三级指标"具备辨别信息真伪的意识"时，题干设计为：当您参加了市里的"一师一优课、一课一名师"评比活动后，收到如下短信"恭喜您在'一师一优课、一课一名师'评比活动中获市级二等奖，请点击以下链接查看具体获奖情况。网址链接：http://yisyiyouk.gov.con"，"以下最不符合您实际情况的是？"选项为：（A）向活动组织方打电话咨询情况；（B）登录"一师一优课、一课一名师"平台搜索官方信息；（C）点击链接查看具体信息；（D）核实短信的号码来源。最后，将设计好的测试题录入测评系统，并与系统中已有的评价指标建立关联。

第四步，组织试测。在开展正式测评之前，研究团队组织了一次试测，参评地区的所有中小学教师均可参与试测。试测的目的在于帮助参评教师熟悉测评系统的基本操作，同时，试测也是对测评系统各项功能以及抗压能力的一次考核，便于及时发现系统问题并补救。

第五步，开展正式测评。教师通过登录测评系统进入测评页面，并在规定时间内完成教师信息素养测评。当教师点击开始测评时，系统会依据评价指标体系自动从题库中随机挑选与指标关联的测试题组成测评试卷，每个教师看到的测评题不完全相同。测评试卷由教师个人基本信息和信息素养测试题两部分组成。其中，教师个人基本信息包括任教学校属性、年龄、教龄、任教学科、学历等内容。测评试卷满分为100分。线上教师测评页面如图5-5所示。

第六步，测评结果展示。测评结束后，系统基于教师提交的测试数据，根据内置的评价算法测算教师个人信息素养发展水平和区域整体信息素养发展水平，并以可视化的方式将评价结果呈现给教师个人和区

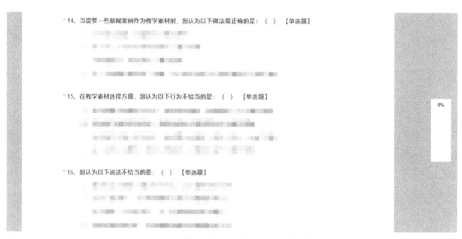

图 5-5　线上教师测评页面（部分）

域管理者。图 5-6 和图 5-7 为教师个人信息素养测评结果可视化页面，图 4-14 为区域教师信息素养动态图页面。

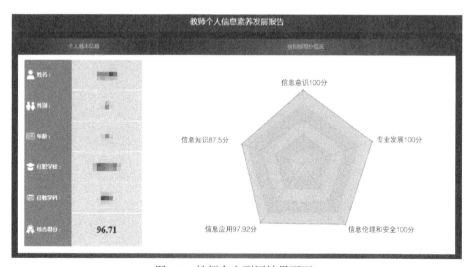

图 5-6　教师个人测评结果页面 1

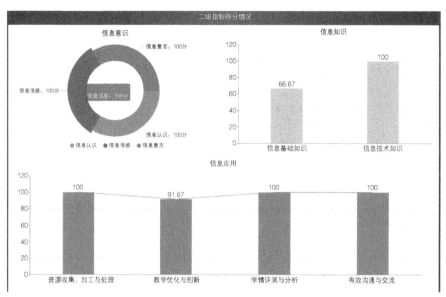

图 5-7　教师个人测评结果页面 2

5.1.3　小结

应用测评系统评价教师信息素养水平，是反映教师信息素养发展现状的有效途径之一。借助测评系统开展在线教师信息素养测评，并运用饼状图、柱状图、动态图等多种可视化形式呈现测评结果，一方面，线上测评使得大规模测评更加高效便捷，另一方面，测评结果可视化则有助于教师个人和管理者更加直观地了解信息素养发展情况。

5.2　融合网络学习空间过程性数据的教师信息素养评价实践

在以往研究中，基于过程性数据的教师信息素养评价并不常见，但随着教育信息化 2.0 的持续推进，网络学习空间应用逐步进入常态化，基于网络学习空间数据的教师信息素养评价将逐步成为可能。研究团队于 2019 年在我国东部 Z 省开展了融合网络学习空间过程性数据的教师信息素养评价的探索[①]，下文对其基本情况、实施流程及评价结果进行介绍。

5.2.1　基本情况

（1）评价对象

评价对象为 Z 省两个区市共计 16 767 位中小学一线任教学科教师。评价对象中，男性教师 4782 位，女性教师 11 985 位；年龄分布范围为 20—63 岁，其中 30—40 岁教师占比将近一半；任教学科覆盖了基础教育的所有学科；任教学校涵盖小学、初中、完全中学及教学点，学校所属区域包含城市、县镇和农村。具体分布情况如图 5-8 所示。

（2）Z 省网络学习空间应用情况

Z 省网络学习空间与教育教学融为一体，贯穿于师生工作、教学和生活的各个方面，提供个人知识管理、信息化教学及沟通交流等多模块相关功能，具体如图 5-9 所示。

Z 省积极推动网络学习空间与教学深度融合，在网络学习空间中提供了教学助手、互动课堂、移动讲台等丰富的教学应用，并建设教育大数据中心，全面记录了教师在网络学习空间中资源发布与使用、社区创建与参与、多方沟通互动等过程性数据，为融合过程性数据的教师信息素养评价探索提供了良好的实践场景与数据基础。

---

① 李亚婷，陈敏，王欢等. 融合网络学习空间过程性数据的中小学教师信息素养评估研究[J]. 中国电化教育，2020，（9）：119-128.

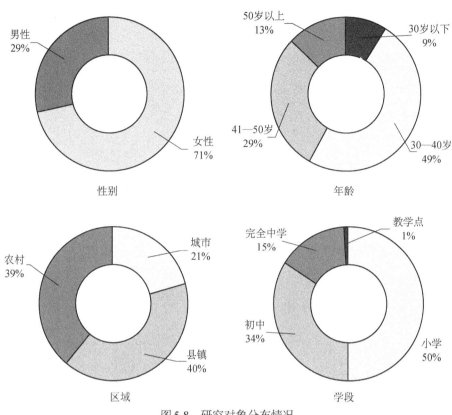

图 5-8　研究对象分布情况

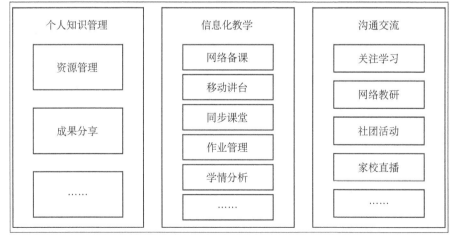

图 5-9　网络学习空间功能

5.2.2　实施流程

融合网络学习空间过程性数据的教师信息素养评价实践项目的实施流程如图 5-10 所示。

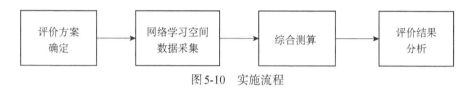

图 5-10　实施流程

（1）评价方案确定

基于第 3 章中所述的教师信息素养评价指标体系，研究团队从意识、知识、应用、伦理和安全、专业发展五个维度对 Z 省中小学教师信息素养发展水平进行评价。通过分析 Z 省网络学习空间的过程性数据构成，最终确定利用"网络学习空间+测评试卷"的方式开展教师信息素养评价。

首先，通过对网络学习空间数据的分析，梳理出能采用网络学习空间数据进行评价的指标，进而设计数据采集方案。其次，对于那些未能基于网络学习空间数据进行评价的指标，研究团队采用自主研发的中小学教师信息素养场景测评试卷对这些指标进行测试，测评结果即作为这些指标的评价结果。最后，为了后续验证基于网络学习空间数据的评价结果的效果，对于已采用网络学习空间数据进行评价的 9 个指标，也同时采用场景测评试卷进行测试，进而通过对比两种评价方式的结果来分析基于网络学习空间过程性数据的评价方法的准确性和有效性。

（2）网络学习空间数据采集

研究团队通过对网络学习空间数据的系统梳理与分析，最终确定指标体系中的9个指标可以从网络学习空间采集，共涉及73个采集点；将指标和数据采集点建立对应关系后，制作网络学习空间数据采集需求表，如表5-1所示。

表5-1　网络学习空间数据采集需求表

三级指标	具体采集点	三级指标	具体采集点
信息的获取与甄别	收藏的他人资源的总数量 ……	有效地选择与使用恰当的教学手段	使用答题功能的总数 ……
资源加工、处理与整合	原创图片的数量 ……	遵守道德准则	资源被举报的次数 ……
个人资源库的搭建	资源表的总数量 ……	利用信息技术开展协同教研	参与教研评价总次数
开展学情分析	使用学情分析工具的总次数 ……	利用信息技术辐射影响力	加入社区的数量 ……
实施教学评价	作业评阅的总数 ……	……	

根据网络学习空间数据采集需求表，研究团队从网络学习空间中获取样本教师在2018年9月1日至2019年8月31日期间共计28.4万条的过程性数据记录；通过数据清洗、整理及整合，形成了教师网络学习数据汇总表，为后续测评分析做准备。

（3）综合测算

综合测算主要包括网络学习空间数据测算、测评试卷测算、综合评价与分析三部分，具体如下：

第一，网络学习空间数据测算。在获取原始过程性数据后，需对数据进行筛选、转换、清洗等处理，沉淀出有效数据，之后确定各指标关注的分析层面，设置相应的测算模型，综合应用统计分析、机器学习等方式对数据进行训练与不断修订，以确定各分析层面之间的权重关系，最终得到各个三级指标的评价模型，实现教师三级指标得分的自动化评价。

第二，测评试卷测算。通过无量纲处理、无效数据剔除等操作实现测评数据的清洗，并基于预设规则实现试题选项与指标得分的映射，进而根据测评数据得到教师在各指标的得分。

第三，综合评价与分析。对不同来源的数据按照设定规则进行有效得分的计算，最终得到各教师在每个指标上的得分值，并采用组合赋权法、综合指数等算法对教师信息素养进行综合测评。

（4）评价结果分析

通过上述综合测算结果的分析，可知参评教师的信息素养发展水平及各维度现状。

从一级指标得分来看，如图 5-11 所示，参评教师信息素养整体发展良好，尤其在意识、伦理和安全两个维度表现突出。这表明教师已具备较为良好的信息辨别和更新意识，能积极主动应用信息技术，并在信息化实践中勇于迎难而上，能较好地注重伦理与安全相关问题。但在其他三个维度上，教师的表现还有待改进，特别是在知识和应用维度。

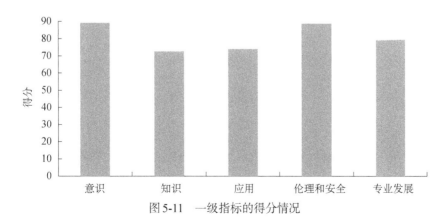

图 5-11　一级指标的得分情况

从二级指标得分来看，如图5-12所示，教师在"基础知识"、"教学优化与创新"及"专业能力成长"方面表现尤为不足，具体而言：在基础知识维度上，教师对信息权利、信息安全等基础知识相对了解，而对新兴信息技术及其在教育领域方面的应用现状掌握尤为不足；在教学优化与创新维度上，教师在教学策略的动态调整上表现良好，但在有效地选择与使用恰当的教学手段、教学模式创新实践等应用方面表现不足；在专业能力成长维度上，教师在利用信息开展更加广泛、有效的协同教研等方面均需加强。

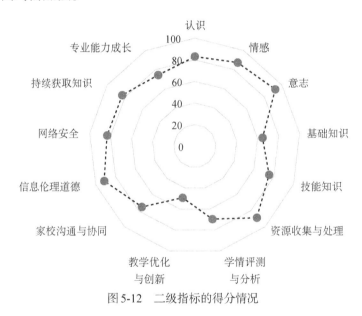

图5-12 二级指标的得分情况

总体来看，参评教师在信息素养的各个维度发展较不均衡，教师普遍在意识、伦理和安全方面表现较好，且注重知识的持续提升，但在信息和信息技术相关基础知识，利用信息技术优化教学、创新教学模式、助力专业能力成长等方面仍有不足，要实现从应用融合向创新发展的转变仍需进一步努力。

5.2.3　评价效果分析

为了进一步了解基于网络学习空间数据的评价方法的准确性和有效性，研究团队采用基于网络学习空间数据的评价结果与测评试卷的评价结果进行对比。对比结果发现，两种评价方式的结果基本一致，如图5-13所示，平均相对误差仅为3.53%。同时，基于过程性数据的评价方式还有助于发现优秀教师或学校、准确诊断教师信息素养存在的问题等，指导信息素养的发展。

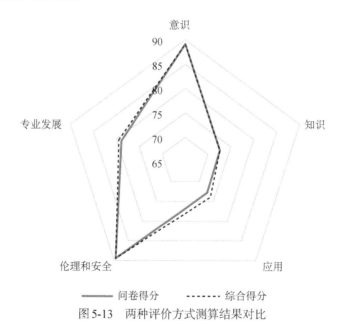

图5-13　两种评价方式测算结果对比

这里以"资源加工、处理与整合"为例，对两种方式的评价要点和评价结果两方面进行对比分析。该指标主要考察教师是否能够根据自身教学需要对已有相关资源（图片、音频等）进行加工、处理与整合。

在评价要点方面，测评试卷主要考察教师掌握的图片操作技能情况，包括教师是否会对图片进行剪裁、组合、美化、设置等操作。基于网络学习空间数据的评价更加关注教师上传资源的实际应用情况，以成果为导向对图片、音频及视频素材的丰富性、有用性及时效性进行分析，更能直观体现出教师在实际资源加工、处理与整合能力上的优势与不足。

测评试卷测试题示例

1. 您掌握了以下哪些图片处理技能：（　　　　）（多选）

A. 无

B. 按规格裁剪

C. 多种图片组合

D. 图片上添加文字

E. 背景透明设置

F. 其他

得分规则：选 A 无得分，选 B/C/D/E/F 选项各得 25 分，总计 100 分

在评价结果方面，测评试卷的总体得分为 89.67 分，具体分布情况如图 5-14 所示。其中 60% 以上的教师基本掌握了大多数图片处理技能（得分为 100 分），约 30% 的教师掌握了部分图片处理技能（得分为 75 分或 50 分），仅不到 10% 的教师在图片加工与处理能力上表现不足（得分为 25 分或 0 分）。

基于网络学习空间数据的评价得分为 85.45 分，与测评试卷总体得分相对误差值为 4.94%，结果上也趋于一致。表 5-2 为参评教师在网络学习空间中上传的原创资源在丰富性、有用性、时效性不同层面的实际情况与得分，虽然整体上表现良好，但可看出实际上教师并不常对音频资源进行加工与处理，并且素材的有用性上还可进一步提升。

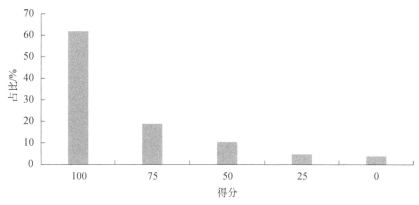

图5-14　"资源加工、处理与整合"测评试卷得分分布

表5-2　"资源加工、处理与整合"的数据与得分详情

项目		图片	音频	视频
丰富性	人均原创数量/个	5.37	0.73	0.98
	得分	91.77	79.58	83.17
有用性	平均被使用量/次	4.58	0.44	1.39
	得分	89.32	77.756	83.66
时效性	波动差值	0.21	0.19	0.11
	得分	95.82	96.19	97.72
总分		88.33		

综上，基于网络学习空间数据的评价和传统的基于测评试卷的线上测评在结果上具有一致性。但基于网络学习空间过程性数据的测评过程更贴近教师教学、教研的真实场景，更能客观反映教师在具体指标上的真实表现，通过多维度分析有助于快速发现薄弱环节，以提供针对性、个性化的指导建议。

5.2.4　小结

融合教与学活动的多维度、小粒度数据的教师信息素养评价模型，具有多维度、多主体、多层次的特点。其中，多维度是指评价模型可针对教师信息素养的每一个三级指标展开，并通过指标映射行为的不同维度进行综合刻画，比如教师资源加工、处理与整合能力可通过教师原创教育资源的类型、数量、质量及频率等多个维度进行综合反映；多主体是指测评对象的多样性，可针对教师个人、学校及区域等不同教育主体展开精准评价，生成教师画像、学校画像、区域动态图等；多层次是指评价结果可以反映出评价对象的发展差异，为指定不同层级的评价标准奠定基础，以便展开针对性、个性化的结果指导，为提升教师信息素养提供有效途径。

通过实践探索可知，融合网络学习空间过程性数据的教师信息素养评价是一种行之有效的方法，一方面肯定了融合网络学习空间过程性数据评价方法的准确性与有效性，为隐形测评提供支持，另一方面通过面向场景的过程性数据有助于反映教师的真实现状、指导学校教师信息素养发展等，为教师信息素养提升提供另一种途径。

第 6 章
教师信息素养评价结果应用

通过对教师信息素养评价结果进行剖析，能够有效把握区域、学校、教师个人在教师信息素养方面的发展情况，进而为相关决策制定、学校信息化发展、教师个人发展提供参考依据。

6.1　支持管理部门相关决策制定

随着我国教育信息化发展迈入 2.0 阶段，教师信息素养也越来越受到关注。传统依赖主观经验的方式难以精准把握教师信息素养发展现状，可能存在教师信息素养发展问题分析不准确、发展重点方向不够明确等问题。开展面向区域层面的教师信息素养评价工作，一方面可较为准确地发现当前教师信息素养存在的问题，明确今后的发展重点；另一方面还能发现区域间教师信息素养发展的差异，实现精准扶持。

6.1.1　开展问题诊断，明确发展重点

对于区域教育主管部门而言，借助科学有效的评价工具开展教师信息素养评价，有助于了解区域教师信息素养的发展现状，从中发现薄弱项和短板，便于在后续制定教师信息素养相关提升策略时明确方向和着力点。

以 G 地区为例，在开展了中小学教师信息素养测评后，评价结果显示该地区教师在意识、伦理和安全维度的表现相对较好，但在知识、应用方面的表现相对较弱，如图 6-1 所示。

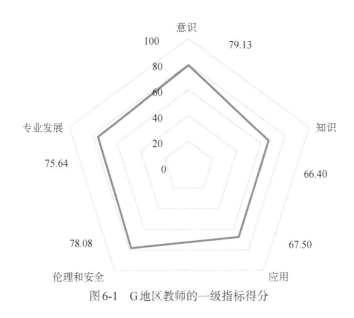

图6-1　G地区教师的一级指标得分

在知识方面，如图6-2所示，可以发现，在基础知识（BK）维度，G地区教师在了解信息权利基础知识（IRK）、了解信息安全基础知识和法律法规（ISK）方面的表现相对较好，但在了解信息技术基础知识及其在教育领域应用现状（ITK）方面的表现存在明显不足；在技能知识（SK）维度，G地区教师在掌握日常办公、信息化教学相关软件系统的基本操作（BOSS）方面的表现相对较好，但在掌握日常办公、信息化教学相关硬件设备的基本操作（BOHE）方面的表现存在明显不足。

在应用方面，如图6-3所示，可以发现，在资源收集与处理（RCP）维度，G地区教师在个人教学资源库搭建方面的表现相对较好（RLC），但在资源获取与甄别（RAI），以及资源加工、处理与整合（RPPI）方面的表现相对较弱；在学情分析与评价（LSAE）维度，G地区教师在开展学情分析方面的表现相对较好（SSA），但实施教学评价（ITE）方面存在明显不足；在教学优化与创新（TOI）维度，G地区教师在开展信息化教学模式创新实践方面的表现相对较好（MIP），但合理选用信息技术工

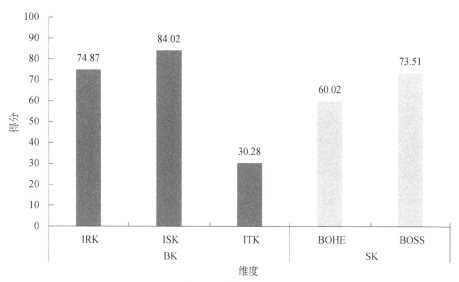

图 6-2　知识维度各三级指标得分

具与资源（STR）、基于学生反馈及时调整教学策略（ATS）方面存在明显不足；在家校沟通与协同（HSCC）维度，G 地区教师在开展有效的家校沟通（CHS）、信息素养协同共育（ILC）方面表现尚可。

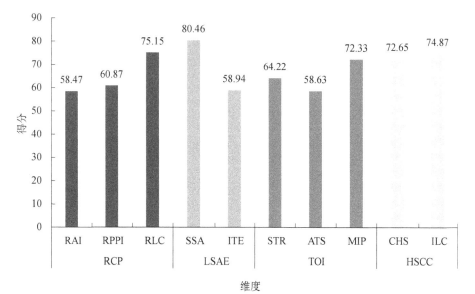

图 6-3　应用维度各三级指标得分

基于上述测评结果的分析可以明确，知识储备不足和应用能力较弱是 G 地区教师的短板。可见，加强教师知识基础和提升应用能力是推动 G 地区教师信息素养发展的重点，在相关政策、规划制定时，可将其作为重点考虑内容。例如，G 地区教育主管部门在规划后续教育信息化相关培训时，可考虑将信息技术及其应用现状、常见信息化硬件设备、素材加工、教学策略、教学评价等作为培训的重点内容。

6.1.2 分析区域差异，实现精准扶持

对于区域教育主管部门而言，开展面向全区域范围的教师信息素养测评，除了能了解区域整体教师信息素养发展现状以外，还能通过各地区的发展现状对比来发现各地区的发展差异，及时为存在薄弱发展项的地区提供支持，推动区域教师信息素养协调均衡发展。

以 J 省为例，在对全省教师信息素养测评结果进行对比分析后发现，A 市为教师信息素养平均得分最高的地市，B 市为教师信息素养平均得分最低的地市，两市一级指标得分的对比情况如图 6-4 所示。由图可知，B 市在各个维度上的得分均低于 A 市，且在知识和应用维度的差距相对较大。

在知识方面，如图 6-5 所示，在基础知识（BK）维度，两市教师在了解信息权利基础知识（IRK）、了解信息安全基础知识和法律法规（ISK）方面的差距相对较小，但在了解信息技术基础知识及其在教育领域应用现状（ITK）方面，B 市教师表现要明显弱于 A 市教师；在技能知识（SK）维度，两市教师在掌握日常办公、信息化教学相关硬件设备的基本操作（BOHE）方面差距相对较小，而在掌握日常办公、信息化教

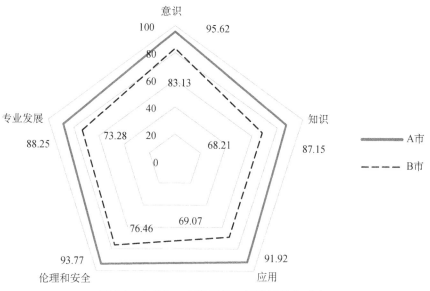

图6-4　A市和B市教师的一级指标得分对比

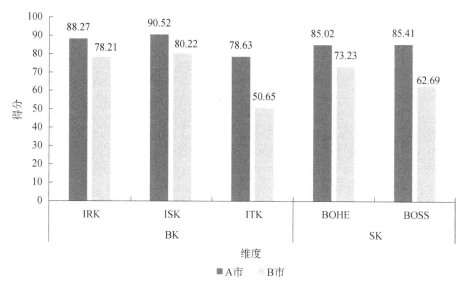

图6-5　知识维度各三级指标得分对比

学相关软件系统的基本操作（BOSS）方面，B市教师表现要明显弱于A市教师。

　　在应用方面，如图6-6所示，在资源收集与处理（RCP）维度，两市教师在资源获取与甄别（RAI）、个人教学资源库搭建（RLC）方面差距较小，而在资源加工、处理与整合（RPPI）方面，B市教师表现要明显弱于A市教师；在学情分析与评价（LSAE）维度，两市教师在开展学情分析（SSA）、实施教学评价（ITE）方面差距均较大；在教学优化与创新（TOI）维度，两市教师在基于学生反馈及时调整教学策略（ATS）方面差距相对较小，但在合理选用信息技术工具与资源（STR）、开展信息化教学模式创新实践（MIP）方面，B市教师表现要明显弱于A市教师；在家校沟通与协同（HSCC）维度，两市教师在开展有效的家校沟通（CHS）方面差距相对较小，但在信息素养协同共育（ILC）方面，B市教师表现明显弱于A市教师。

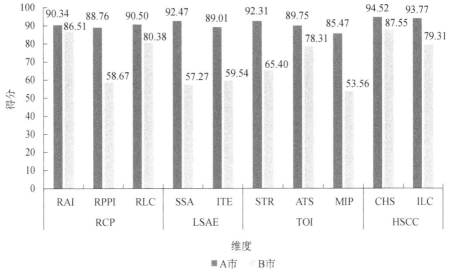

图6-6 应用维度各三级指标得分对比

通过上述对比分析可见，B市与A市教师在知识、应用两大维度的表现差距较大，尤其是B市教师在了解信息技术基础知识及其在教育领域的应用现状，掌握常见软件系统的基本操作，资源加工、处理与整合，学情分析与评价，教学手段选用，信息化教学模式创新实践等方面的能力相对 A 市教师较弱。为了缩小 B 市与 A 市的教师信息素养差距，教育主管部门可为 B 市教师在知识、应用提升方面提供更多个性化的支持，例如，为 B 市教师组织相关培训，丰富教师知识，提升教师应用能力；鼓励 B 市组织相关竞赛，激发该市教师开展信息技术应用的积极性；组织区域互帮互助，由 A 市牵头，与 B 市协同开展教师信息素养提升工作。

6.2　推动学校信息化发展

夯实师资队伍建设是实现学校信息化持续稳定发展的基石，但目前大多数学校管理者仍然通过日常的交流和观察等途径对本校教师信息素养的发展状况进行把握，由于缺乏可量化的数据支撑，在开展教师信息素养培养与提升工作时往往较为盲目，缺乏针对性。开展面向学校整体的教师信息素养评价工作，一方面能够了解学校教师信息素养短板，助力学校信息化高质量发展；另一方面还能明确校际教师信息素养发展差异，促进不同区域教师信息素养整体提升。

6.2.1　了解信息素养短板，助力学校信息化高质量发展

对于学校管理者来说，借助教师信息素养评价的结果可以清楚地掌握学校教师在信息意识、信息应用等各维度的详细状况，有助于管理者对症

下药，提升教师队伍的信息素养水平，进而推动学校的信息化建设。

　　以A校为例，在参与了中小学教师信息素养测评后，评价结果显示该校教师在伦理和安全方面的表现相对较好，在意识、知识、专业发展方面表现一般，在应用方面表现较弱，如图6-7所示。

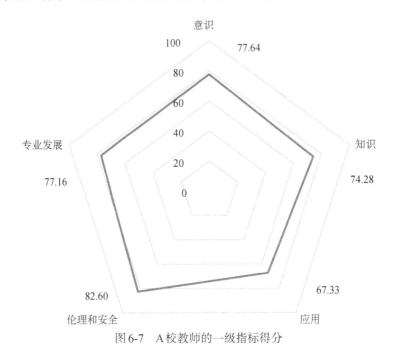

图6-7　A校教师的一级指标得分

　　在应用方面，如图6-8所示，可以发现，在资源收集与处理（RCP）维度，A校教师在资源获取与甄别（RAI）、个人教学资源库搭建（RLC）方面均表现较好；在学情分析与评价（LSAE）维度，A校教师在开展学情分析（SSA）方面表现一般，在实施教学评价（ITE）方面表现较弱；在教学优化与创新（TOI）维度，A校教师在合理选用信息技术工具与资源（STR）方面表现相对较好，但在基于学生反馈及时调整教学策略（ATS）、开展信息化教学模式创新实践（MIP）方面表现极弱；在家校沟通与协同（HSCC）维度，A校教师在开展有效的家校沟通

（CHS）、信息素养协同共育（ILC）方面均存在明显不足。结合对采集到
的过程性数据进行分析可知，A 校教师能积极使用移动讲台、随堂测试
等信息化教学工具，并且近 60% 教师将这些工具作为常态化教学手段，
但只有极少数教师开始探索同步课堂、互动直播课堂等创新实践。此
外，A 校教师在教学策略方面表现不佳，表明教师在实际教学中更多的还
是按照教学计划进行，较少因为学生表现及其反馈对课堂教学进行调整。

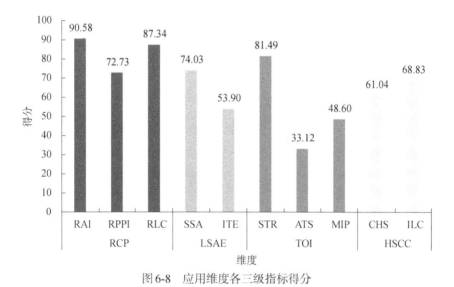

图 6-8　应用维度各三级指标得分

基于上述测评结果的分析可以明确，应用能力较弱是 A 校教师的短
板，尤其是在基于学生反馈及时调整教学策略、开展信息化教学模式创
新实践、实施教学评价等方面。可见，加强教师应用能力是推动 A 校教
师信息素养发展的重点之一，学校管理者在开展相关工作时可将其作为
优先考虑内容。例如，A 校管理者后续可通过组织信息技术应用的相关
培训活动，制定绩效相关政策来调动全体教师的积极性，推动教师主动
思考、不断尝试，促进该校教师信息化教学的常态化和创新性发展。

6.2.2 明确校际发展差异，促进区域信息素养整体提升

对于学校管理者来说，通过校际间教师信息素养发展状况的对比，不仅可以了解本校教师的信息素养在区域内所处的层次和水平，还可以通过各维度的对比了解本校教师信息素养存在哪些不足和亟待提升之处，从而明确后续教师信息素养提升工作的主要方向，增强各项措施的合理性。

以B校和C校为例，两校位于一个地区，且B校是当地的标杆校，两校在参与了教师信息素养测评后，各一级指标得分的对比情况如图6-9所示。由图可知，C校教师在意识维度的表现与B校教师有较为明显的差距，而其他各维度的差距较小。

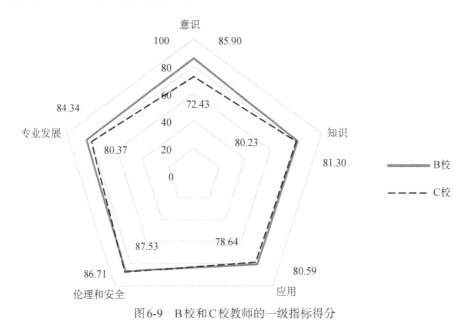

图6-9 B校和C校教师的一级指标得分

在意识维度中，如图6-10所示，可以发现，在认识（COG）维度，

C 校教师在具备辨别信息真伪的意识（AAI）、具备判断信息时效性的意识（ATI）、具备判断信息是否满足教学需求的意识（AIMN）方面的表现均明显弱于 B 校教师；在情感（EMO）维度，两校教师在理性看待信息技术应用于教育教学的利与弊（RLTA）方面差距较小，但在愿意开展信息技术与学科教学融合创新的探索实践（WIEP）方面，C 校教师表现要明显弱于 B 校教师；在意志（VOL）维度，两校教师在努力克服信息化教学活动中面临的困难与挑战（ODC）方面差距相对较小，但在具备常态化开展和改进信息化教学的主动性（HI）方面，C 校教师要明显弱于 B 校教师。

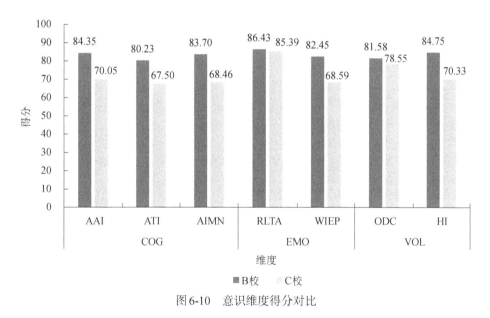

图 6-10　意识维度得分对比

　　通过上述对比分析可见，C 校与 B 校教师在意识维度的表现差距较大，尤其是在具备辨别信息真伪的意识、具备判断信息时效性的意识、具备判断信息是否满足教学需求的意识、愿意开展信息技术与学科教学融合创新的探索实践、具备常态化开展和改进信息化教学的主动性方面，C校表现要明显弱于B校。为了缩小C校与B校的教师信息素养差距，C校管理者可以将教师信息素养提升工作的核心放在意识方面，例如，可以通过营造尊重创新的校园氛围，灌输创新性的教育理念，增强教师对创新信息化教学方法的理解和认同感，让教师认识到优化和重构教学流程对提高课堂教学质量、培养新时代人才的重要意义，从而加强教师应用信息及信息技术创造知识和变革教学模式的意识。同时，还可以给教师传授信息辨别和判断的技巧，帮助教师正确分辨真实信息和虚假信息、有用信息和无用信息，提高信息判断能力。

6.3　促进教师个人发展

不断提高个人信息素养已成为教师适应信息化时代发展的基本要求和实现个人专业能力成长的基石。然而，当前教师个人对自身信息素养的判断一方面主要依靠自身主观经验，另一方面则是依靠周围同事的评价，这两种途径都存在一定的主观性，因而难以反映教师个人信息素养的真实现状。开展面向教师个人的信息素养评价工作，一方面可以了解教师自身信息素养现状，明确个人发展方向；另一方面还能发现个体发展差异，促进学习共同体发展。

6.3.1　了解自身信息素养现状，明确个人发展方向

对于教师个人来说，参与教师信息素养评价，有助于科学直观地了解自己的信息素养水平，明确自身发展短板，能够更加清晰地制定个人发展规划。

　　以 A 教师为例，在参与了教师信息素养测评后，测评结果显示该教师在意识、应用、伦理和安全、专业发展维度表现相对较好，但在知识方面表现相对较差，如图 6-11 所示。

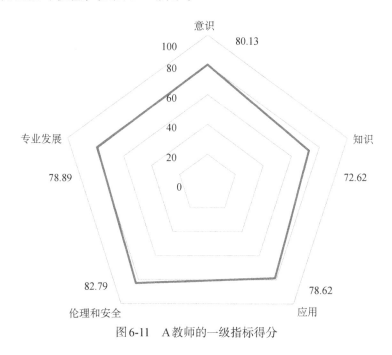

图6-11　A教师的一级指标得分

　　在知识维度中，如图 6-12 所示，可以发现，在基础知识（BK）维度，A 教师在了解信息权利基础知识（IRK）、了解信息安全基础知识和法律法规（ISK）方面的表现相对较好，但在了解信息技术基础知识及其在教育领域应用现状（ITK）方面的表现存在明显不足；在技能知识（SK）维度，A 教师在掌握日常办公、信息化教学相关硬件设备的基本操作（BOHE）方面的表现情况相对较好，但在掌握日常办公、信息化教学相关软件系统的基本操作（BOSS）方面的表现相对较弱。

　　基于上述测评结果分析发现，知识储备不足是 A 教师的短板，尤其是有关信息技术应用现状和常见软件系统基本操作方面的知识储备不

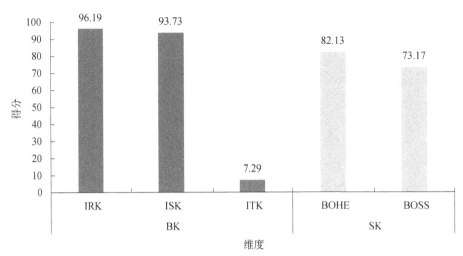

图6-12 知识维度下各三级指标得分

足。可见，丰富知识是提高 A 教师信息素养水平的重点，在后续制定个人发展规划时可以将其作为重要目标之一。例如，A 教师可在后续的工作中，利用碎片化时间，通过权威的学习平台、新媒体等工具持续跟踪学习相关知识，并通过学习优秀课例、参加信息技术相关前沿讲座等方式进一步了解新兴技术在教育教学中的实践应用，实现个人信息素养的有效提升。

6.3.2 发现个体发展差异，促进学习共同体发展

对于教师个人来说，同事间开展交流学习是提升个人信息素养的有效途径。教师信息素养评价可以清晰地反映教师自身优势和不足，有助于教师间相互取长补短，在某方面具有优势的教师可以带领帮助其他教师提升这方面的发展水平，同时发展不足的教师也可以通过向其他教师寻求指导而实现提升。

以 B 教师和 C 教师为例，他们是同一学校同一学科的教师，且 B 教

师为刚入职的教师，而 C 教师是教龄为 10 年的教师，两者在参加了教师信息素养测评后，各一级指标的得分对比情况如图 6-13 所示。由图可知，两位教师在意识、知识、伦理和安全、专业发展维度差距相对较小，但在应用维度的差距相对较大。

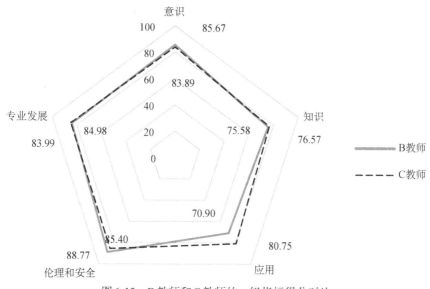

图 6-13　B 教师和 C 教师的一级指标得分对比

　　在应用维度中，如图 6-14 所示，可以发现，在资源收集与处理（RCP）维度，两位教师在资源获取与甄别（RAI）方面差距相对较小，但在资源加工、处理与整合（RPPI）方面，B 教师的表现要明显优于 C 教师，而在个人教学资源库搭建（RLC）方面，C 教师的表现则要明显优于 B 教师；在学情分析与评价（LSAE）方面，两位教师在开展学情分析方面（SSA）差距相对较小，但在实施教学评价（ITE）方面，C 教师的表现要明显优于 B 教师；在教学优化与创新（TOI）维度，在合理选用信息技术工具与资源（STR）和基于学生反馈及时调整教学策略（ATS）两方面，C 教师的表现均要明显优于 B 教师，而在开展信息化教学模式创新实践（MIP）方面，B教师的表现则要明显优于C教师；在家校沟通与协同（HSCC）方面，两位教师在开展有效的家校沟通（CHS）及信息素养协同共育（ILC）方面的差距相对较小。

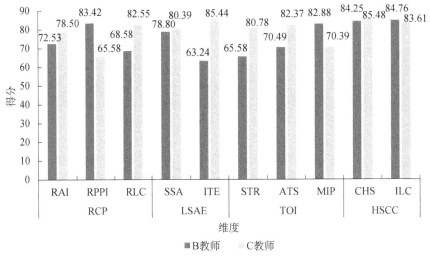

图6-14 应用维度下各三级指标得分对比

　　通过上述对比分析可见，虽然C教师在应用维度的整体得分要优于B教师，但在各个具体三级指标的表现上，两位教师都存在各自的优势和不足。为了实现共同发展，两位教师之间可以相互取长补短。例如，B教师与C教师之间可以开展结对学习，由C教师教授B教师个人资源库搭建、教学手段选用、教学策略调整等方面的方法与技巧，由B教师分享给C教师素材加工与处理的方法，以及开展信息化教学模式创新实践的经验，进而实现两位教师的信息素养同步提升。

参 考 文 献

蔡其勇. 基础教育课程改革与教师信息素养的培养[J]. 课程·教材·教法，
　　2006，（7）：79-82.

范运祥，舒根，马卫平. 教师教育信息化与体育教师信息素养的提升[J]. 湖
　　南师范大学教育科学学报，2013，12（1）：57-62.

郭强. 调查实战指南：问卷设计手册[M]. 北京：中国现代经济出版社，
　　2004.

黄伟. 以应用能力为核心 提升教师信息素养[J]. 中国教育信息化，2019，
　　（11）：11-12.

李亚婷，陈敏，王欢等. 融合网络学习空间过程性数据的中小学教师信息素
　　养评估研究[J]. 中国电化教育，2020，（9）：119-128.

林崇德. 21世纪学生发展核心素养研究（修订版）[M]. 北京：北京师范大
　　学出版社，2021：23-24.

林聪. "互联网+"背景下的高校教师信息素养及构成[J]. 黑龙江高教研究，
　　2016，（8）：54-56.

罗恒，冯秦娜，陈莹等. "战疫"期间中小学在线教学平台与工具调研[J].

现代教育技术，2020，30（7）：113-119.

马欣研，朱益明，薛峰. 教师信息素养分析框架构建与应用研究[J]. 开放教育研究，2019，25（3）：92-102.

桑国元，董艳. 论"互联网+"时代教师信息素养内涵演进及其提升策略[J]. 电化教育研究，2016，37（11）：108-112.

吴砥，周驰，陈敏."互联网+"时代教师信息素养评价研究[J]. 中国电化教育，2020，（1）：56-63，108.

谢宇. 回归分析（修订版）[M]. 北京：社会科学文献出版社，2013.

杨宗凯，吴砥. 信息技术推动教育创新发展[J]. 中国教育科学，2014，（2）：57-91，56，233.

杨宗凯，吴砥，郑旭东. 教育信息化2.0：新时代信息技术变革教育的关键历史跃迁[J]. 教育研究，2018，39（4）：16-22.

祝智庭，闫寒冰.《中小学教师信息技术应用能力标准（试行）》解读[J]. 电化教育研究，2015，36（9）：5-10.

Alarcón, R., Pilar Jiménez, E. D., & de Vicente-Yagüe, M. I. Development and Validation of the DIGIGLO，Tool for Assessing the Digital Competence of Educators[J]. British Journal of Educational Technology，2020，51（6）：2407-2421.

Bishop，C. Pattern Recognition and Machine Learning[M]. New York：Springer-Verlag，2006.

Breiman, L., Friedma, J., Olshen, R., Stone, C., Olsen, R., Breimann, L., Fried, J. H., & Breimain, L. Classification and Regression Tress[J]. Encyclopedia of Ecology，1984，40（3）：582-588.

Cortes, C., & Vapnik, V. Support-Vector Networks[J]. Machine Learning，

1995，20（3）：273-297.

Liaw，A.，& Wiener，M. Classification and Regression by Randomforest[J]. R News，2020，2/3（12）：18-22.

Rumelhart，D. E.，Hinton，G. E.，& Williams，R. J. Learning Representations by Back Propagating Errors[J]. Nature，1986，323（6088）：533-536.

Soomro，K. A.，Kale，U.，Curtis，R.，Akcaoglu，M.，& Bernstein，M. Development of an Instrument to Measure Faculty's Information and Communication Technology Access（FICTA）[J]. Education and Information Technologies，2018，23（1）：253-269.

Sun，S.，& Huang，R. An Adaptive K-nearest Neighbor Algorithm[C]. //Li，M.，Liang，Q.，Wang，L.，Song，Y. Proceedings of 2010 Seventh International Conference on Fuzzy Systems and Knowledge Discovery. Piscataway，NJ：IEEE，2010：91-94.

Zhou，C.，Wang，H.，Liang，X.，& Chen，M. Development and Application of Information Literacy Assessment Tool for Primary and Secondary School Teachers [C]. //Xie，Y.，Huang，Y.，Workman，J.，Zhen，H.，Hwang，J. Proceedings of 2020 Ninth International Conference of Educational Innovation through Technology. Los Alamitos，CA：IEEE Computer Society，2020：70-75.

Zurkowski，P. G. The Information Service Environment Relationships and Priorities. Related Paper No.5[R]. Washington，DC：National Commission on Libraries and Information Science，1974.